Dekorieren mit Naturmaterialien

Die besten Ideen

frechverlag

Weitere tolle Ideen finden Sie hier:

TOPP 2499

TOPP 2499

AutorInnen:
Altmeyer, Maria-Regina und Michael (Seite 10, 11, 12, 17, 24, 44, 55, 57, 58, 67, 73, 84, 85)
Fausel, Dieti G. (Seite 42, 47)
Helbig, Monika und Nicole (Seite 8, 13, 15, 16, 18, 19, 20, 29, 32, 40, 48, 50, 51, 56, 59, 62, 63, 66, 71, 74, 75, 79, 80, 81, 82, 83, 87, 89, 93)
Holl, Sieglinde (Seite 21, 23, 25, 26, 28, 37, 41, 45, 54, 61, 77)
Nowotny, Angelika (Seite 39, 52, 65)
Schüro, Linde (Seite 22, 27, 30/31, 33, 35, 36, 53, 70, 78, 86, 88, 91, 94)
Thiele, Gudrun (Seite 38, 60, 68, 69)

Redaktion: Dr. Ulrike Voigt
Layout/Herstellung: Elvira Müller

Fotos: frechverlag GmbH + Co. Druck KG, 70499 Stuttgart

Auflage: 5. 4. 3. 2. 1. | Letzte Zahlen
Jahr: 2004 2003 2002 2001 2000 | maßgebend

frechverlag GmbH + Co. Druck KG, 70499 Stuttgart
ISBN 3-7724-2612-3 · Best.-Nr. 2612
Druck: frechverlag GmbH + Co. Druck KG, 70499 Stuttgart

Lieben Sie Naturmaterialien wie Ähren, Heu, getrocknete Früchte und mögen Sie gerne frische Blumen und Blätter?
Freuen Sie sich auf ein vielfältiges Spektrum mit den unterschiedlichsten Naturmaterialien!
Je nach Wunsch oder Anlass können Sie Ihre Dekoration auswählen.
Rustikale Heutiere wie Hase, Teddy oder Hahn schmücken Ihre Wohnung, hübsche Blumengestecke, beispielsweise edle Rosenarrangements, lassen eine Festtafel in noch hellerem Glanz erscheinen.
In diesem Buch finden Sie für jede Jahreszeit viele Ideen, die nachgebastelt werden wollen. Im Frühjahr sitzt ein putziger Heuhase im Ostergesteck. Mit Sonnenblumengebinden klingt der Sommer aus. Drachen, Ährensträuße oder Strohpuppen lassen den Herbst erkennen und natürlich dürfen stimmungsvolle Kränze und Sterne für die Advents- und Weihnachtszeit nicht fehlen.
Kleine Schachteln, mit Gewürzen dekoriert, oder die unterschiedlichsten Potpourris eignen sich sehr gut als Geschenke, die, sind sie selbstgemacht, immer von Herzen kommen.
Sogar die Kleinsten kommen hier auf ihre Kosten: fantasievolle Collagenbilder aus gepressten Blättern oder Kastanienwagen sind ganz leicht gemacht.
Tauchen Sie ein in die Welt der Naturmaterialien und haben Sie viel Spaß beim Gestalten!

Allgemeine Hinweise

1. Floristik und Frischblumen

Arbeitstisch und Umgebung

Die Arbeitsfläche sollte sich etwa in Hüfthöhe befinden. Sie muss ausreichend Platz bieten, um Blumen, Beiwerk, Hilfsmittel – wie Messer, Schere, Bast und Steckschale – übersichtlich auszubreiten. Achten Sie darauf, dass der Tisch eine glatte und harte Oberfläche hat, um Kratzer und andere Beschädigungen zu vermeiden. Ebenfalls sollte die Tischplatte abwischbar sein.

Der Fußboden ist am besten glatt und gut zu reinigen. Teppichboden ist ungeeignet, da heruntergefallenes Grün oder Blüten ebenso wie Wasser hässliche Flecken hinterlassen.

Vermeiden von Verletzungen

Legen Sie nie ein Messer oder eine Schere auf die Kanten des Arbeitstisches oder achtlos zwischen Beiwerk und Blumen! Heruntergefallenes Grün und Blüten sollten Sie zusammenfegen, um Rutschgefahr zu vermeiden.

Hilfsmittel

- *Scharfes, kleines Küchenmesser ohne Zacken*
- *Rebschere*
- *Bandschere*
- *Bindebast*
- *Naturbast*
- *Wickeldraht in Gold*
- *Goldbouillondraht*
- *Steckdraht in verschiedenen Stärken*
- *Maschendraht*
- *Drahtschere oder Seitenschneider*
- *Heißklebepistole*
- *Pinholder, Haften*
- *Knety*

Steckhilfsmittel

Bei den meisten Modellen benötigen Sie Steckschaum. Bei Pflanzen mit weichen Stielen oder mit Wurzeln, wie z.B. Weihnachtsstern, Maiblumen, Vergißmeinnicht, Margeriten oder Kornblumen können Sie Maschendraht als Steckhilfe benutzen oder auch ein Gerüst aus Zweigen.

Ganz wichtig ist, dass der Steckschaum vor dem Verarbeiten von Frischblumen immer ganz mit Wasser vollgesogen ist. Außerdem muss regelmäßig Wasser nachgegossen werden. Nur bei Modellen, die zunächst in feuchten Steckschaum gesteckt werden und dann trocknen sollen, wird kein Wasser nachgegossen. Dadurch wird das Schimmeln der Blüten vermieden.

Trocknen von Blüten

Wenn Hortensien zum Trocknen verarbeitet werden, ist der Herbst, wenn die Blüten gut ausgereift sind, der beste Zeitpunkt. Werden die Blüten zu früh zum Trocknen verarbeitet, können sie in sich zusammenfallen. Die getrockneten Werkstücke sollten nicht der prallen Sonne ausgesetzt werden, da sie sonst zu sehr ausbleichen.

Wenn Sie Ihre Kreationen zum Trocknen mit Klarlack oder „Elefantenhaut" besprühen, trocknen sie langsamer und schöner ein.

Bezug und Qualität von Frischblumen

Schnittblumen und das Beiwerk wie Asparagus, Salalblätter usw. bekommen Sie in gut sortierten Blumenfachgeschäften oder Gartencentern. Bei ganz bestimmten Farbwünschen oder ausgefallenem Beiwerk bestellen Sie am besten zwei bis drei Tage im Voraus. So können Gärtner und Florist genau auf Ihre Wünsche eingehen. Was die Qualität und die Frische der Ware angeht, so kaufen Sie am besten dort, wo möglichst viel selber angebaut wird oder wo vom Gärtner aus der Umgebung bezogen wird. Grundsätzlich halten Blumen, die keine langen Transportwege hinter sich haben, wesentlich länger.

Bei Rosen, Tulpen, Freesien usw. achten Sie darauf, dass die Blüten nicht mehr ganz geschlossen sind und schon etwas Farbe zeigen. Zu knospige, noch ganz grüne Ware ist oftmals unreif und hat nicht mehr die Kraft, sich schön zu entwickeln. Deshalb lassen auch sehr knospige Rosen oft den Kopf hängen.

Ganz wichtig: bei verzweigten Rosen oder Nelken sollten schon die ersten zwei bis drei Blüten offen sein.

Sonnenblumen werden geerntet, wenn die Blüte schon fast oder schon ganz ausgereift ist.

Ein weiteres wichtiges Frischekriterium sind die Stängel. Bei frischen Blumen dürfen sie weder schmierig noch matschig sein oder unangenehm riechen.
Wenn Sie Blumen im eigenen Garten schneiden, so tun Sie das am besten morgens. Vor allem an heißen Tagen ist das wichtig!

Das Vorbereiten von Schnittblumen

Wichtig ist, dass vor dem Stecken der Blüten möglichst viele Blätter entfernt werden. Die Stiele müssen mit einem scharfen Messer schräg angeschnitten werden. So können die Blumen das Wasser optimal aufnehmen.

2. Weitere wichtige Hinweise

Arbeiten mit der Klebepistole

Das Arbeiten mit der Klebepistole hat den Vorteil, dass der Klebstoff gleich fest wird und gut hält. Der Klebstoff kommt flüssig aus der Düse der Klebepistole und ist über 100 Grad heiß, deshalb ist Vorsicht geboten, denn Verbrennungen sind schmerzlich!
Angeklebte Materialien lassen sich auch wieder entfernen, indem Sie sie einfach vorsichtig wieder abbrechen. Trockenblumen leiden darunter, aber z.B. Seidenblüten sind beständiger und können an einer anderen Stelle wieder neu angeklebt werden. Es bleiben natürlich Rückstände des Klebstoffes an dem Material haften.

Andrahten

Drahten Sie alle Grünteile und Trockenblumen sowie Trockenstände an, bevor Sie diese weiterverarbeiten.
Beim Stecken und Sträuße-Binden wird grundsätzlich alles mit Steckdraht verlängert, um die Teile besser festhalten oder im Steckschaum verankern zu können. Sie können Steckdraht in der Stärke 0,7 mm oder 0,9 mm zum Andrahten verwenden.
Bevor Sie den Steckdraht anlegen, biegen Sie ein kleines Stück um, damit die Stiele der Trockenblumen nicht gleich abbrechen.

Halten Sie mit einer Hand das Teil, das Sie andrahten wollen, mit der anderen wickeln Sie den Steckdraht in kreisender Bewegung um die Stielenden.
Bei Zapfen wird der Draht um das untere Drittel des Zapfens gelegt, die Drahtenden werden miteinander verdrillt.

Das Bündeln mit Golddraht

Lavendel oder Zimtstangen werden mit Golddraht gebündelt.
Das ist nicht nur praktisch, sondern das zusammengebundene Teil wird gleichzeitig durch den Golddraht auch geschmückt.
Nehmen Sie Golddraht und wickeln Sie ihn dicht um das Bündel. Verdrahten Sie die Enden miteinander und schneiden Sie den Rest ab.

Schleifen binden

Legen Sie das Dekoband flach vor sich auf den Tisch und überkreuzen Sie die beiden Bandenden so, dass das Band wie ein Hemdkragen vor Ihnen liegt.

Raffen Sie den hinteren Teil des Bandes und die beiden Bandenden am Kreuzungspunkt zusammen und binden Sie die Schleife an dieser Stelle mit Draht ab.

Tipps:

- Ausschmückungen der Schleifen mit Blüten, Schmuckteilen und Sternanis befestigen Sie mit Heiß- oder Kontaktkleber.
- Wenn Sie Kordeln in Ihre Schleife einarbeiten, binden Sie die Schnittstellen mit Golddraht ab und kleben Kordelspitzen aus Metall über die Enden. Sie können auch mit Golddraht Quasten an die Enden der Kordel binden.

3. Heufiguren kleben

1. Schritt:
Aus der Graupappe fertigen Sie eine Schablone an. Dazu übertragen Sie die Vorlage Ihrer Form auf die Rückseite der Pappe (z.B. mit Kohlepapier) und schneiden die Form aus.
Auf diese Pappschablone kleben Sie dann ggf. den Rundstab.

2. Schritt:
Nun wird beidseitig Heu auf die Pappe geklebt und zwar möglichst so, dass kaum noch Pappe durchscheint.

3. Schritt:
Das an den Rändern überstehende Heu wird mit einer Schere abgeschnitten.

4. Schritt:
Falls jetzt noch Pappstellen durchscheinen sollten, werden diese Stellen mit Heu umwickelt und ausgebessert.
Zuletzt wird das Heu auf der Form mit Golddraht umwickelt und verziert.

4. Heufiguren binden

1. Schritt:

Nehmen Sie eine Hand voll Heu, formen Sie es zu einer Kugel oder einem Oval und umwickeln Sie es fest mit Golddraht. Dann vergrößern Sie diese Formen für Kopf oder Rumpf, bis Sie die angegebenen Größen erreichen. Sie müssen dazu nur erneut Heu an die Kugel legen und festdrahten und zwar so lange, bis die vorgegebene Größe entsteht. Bei Armen und Beinen nehmen Sie einen Strang Heu, der ungefähr doppelt so lang und halb so dick ist wie die angegebenen Maße und binden ihn in der Mitte zusammen (Bild 1). Daraufhin knicken Sie ihn in der Mitte und umwickeln den nun doppelt liegenden Strang fest mit Draht.

Zur Anfertigung der Ohren etc. schneiden Sie zuerst eine Schablone aus Pappe nach der Vorlage aus. Diese Schablone bekleben Sie beidseitig mit Heu. Anschließend wird das überstehende Heu abgeschnitten und die Form mit Golddraht umwickelt.

2. Schritt:

Die Einzelteile werden nun miteinander verbunden. Zuerst werden die Arme und Beine an den Rumpf gebunden, indem Sie die Teile mit Draht aneinanderbinden. Dabei muss der Draht so festgezogen werden, dass keine Übergänge mehr zu sehen sind. Sollten trotzdem noch Übergänge sichtbar sein, können sie durch erneutes Anlegen und Anbinden von Heu beseitigt werden.

3. Schritt:

Dann den Kopf mit dem Rumpf verbinden. Dazu nehmen Sie einen kleinen Stock, den Sie in den Kopf stecken und dann mit dem Kopf in den Rumpf kleben. Zuletzt befestigen Sie die Ohren mit Leim. Das nun fertige Tier kann mit Augen, Schnurrbart, Schleife etc. verziert werden.

Weitere Hinweise finden Sie bei der Beschreibung der jeweiligen Modelle.

1.

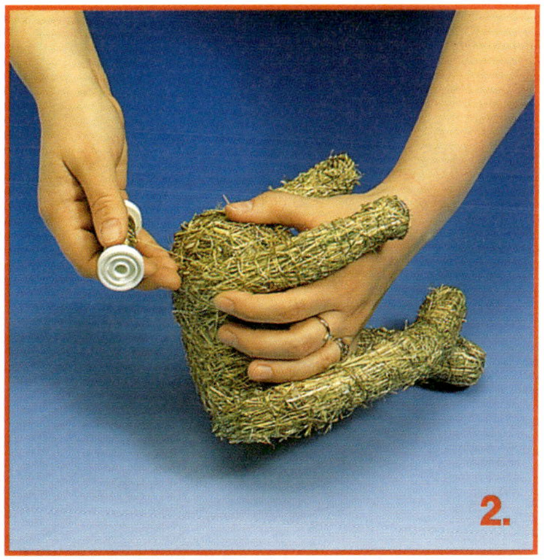

2.

3.

Vorlagen auf Seite 95

Heu-Teddies

Material:
- *Heu*
- *Golddraht, ø 0,3 mm*
- *Pappe (für die Ohrenschablonen)*
- *1 Holzsense*
- *1 Holzharke*

Bei den Ohren wird das Heu, wie auf Seite 6 beschrieben, nur auf die Pappe geklebt.
Nachdem die Einzelteile in der unten angegebenen Größe fertiggebunden sind, verbinden Sie sie miteinander. Die Ohren und die Schnauze kleben Sie an. Zuletzt kleben Sie Augen und Tierschnauze auf. Binden Sie eine Schleife um den Hals des Teddies.

Teddy groß

Material:
- *Dekoband, grün-weiß kariert, 4 cm breit, 70 cm lang*
- *1 Tierschnauze, ø 1,5 cm*
- *2 Glas-Tieraugen, ø 1,5 cm*

Der Rumpf ist 20 cm lang und hat einen Umfang von 46 cm; der Kopf ist 14 cm lang und hat einen Umfang von 38 cm; die Schnauze hat einen Durchmesser von 4 cm; jedes Bein ist 15 cm lang und hat einen Umfang von 20 cm; jeder Arm ist 11 cm lang und hat einen Umfang von 13 cm.

Teddy mittelgroß

Material:

- *Schleifenband bordeaux-weiß kariert, 2,5 cm breit, 60 cm lang*
- *1 Tierschnauze, ø 1 cm*
- *2 Glas-Tieraugen, ø 1,5 cm*

Der Rumpf ist 16 cm lang und hat einen Umfang von 30 cm; der Kopf ist 10 cm lang mit 28 cm Umfang; die Schnauze hat einen Durchmesser von 3 cm; jedes Bein ist 8,5 cm lang und hat einen Umfang von 11 cm; jeder Arm ist 8 cm lang und hat einen Umfang von 10 cm.

Kleiner grüner Teddy

Material:

- *Schleifenband, grün-weiß kariert, 2,5 cm breit, 50 cm lang*
- *1 Tierschnauze, ø 1,5 cm*
- *2 Glas-Tieraugen, ø 1 cm*
- *Kleines Körbchen*

Der Rumpf ist 10 cm hoch und hat einen Umfang von 27 cm; der Kopf ist 6 cm hoch und hat einen Umfang von 22 cm; die Schnauze hat einen Durchmesser von 3 cm; jedes Bein ist 8 cm lang und 9 cm dick; jeder Arm ist 7 cm lang und 9 cm dick.
Der fertige Teddy bekommt das Körbchen in den Arm.

Kleiner gelber Teddy

Material:

- *Band, gelb-weiß gestreift, 4 cm breit, 50 cm lang*
- *1 Tierschnauze, ø 1,5 cm*
- *2 Glas-Tieraugen, ø 1 cm*
- *Kleines Körbchen*

Der Rumpf ist 9 cm hoch und hat einen Umfang von 27 cm; der Kopf ist 5 cm hoch und hat einen Umfang von 20 cm; die Schnauze hat einen Durchmesser von 2,5 cm; jedes Bein ist 6,5 cm lang und 7 cm dick; jeder Arm ist 6,5 cm lang und hat einen Umfang von 7 cm.
Auch dieser Teddy trägt ein Körbchen.
Nun müssen Sie nur noch entscheiden, welcher Teddy die Harke und welcher die Sense bekommt.

Heu-Eule

Vorlagen auf Seite 95

(Abbildung Seite 10)

Material:

- *Wiesenheu*
- *Styroporei, 10 cm groß*
- *Styroporkugel, ø 7 cm*
- *Dünner Golddraht*
- *2 Strohblumennadeln*
- *2 Tieraugen, ø 1,8 cm*
- *Naturbast*
- *Pappe*
- *Zweigstück*
- *Große Astgabel*
- *Holzscheibe, ø ca. 10 cm*
- *Moos*
- *Blumensteckdraht*
- *Strohseide, haselnußbraun, farngrün und moosgrün*

Der Eulenkörper besteht aus mit Heu umwickelten Styroporrohlingen.

Kopf: Nehmen Sie die Styroporkugel und fassen Sie sie dicht mit Heu ein. Danach wird der Kopf fest mit Golddraht umwickelt. Als Augen kleben Sie zwei Glasaugen auf. Die Nase besteht aus einem ca. 3 cm langen Zweigstück, das mit Heißkleber zwischen den Augen befestigt wird. Die büschelartigen Ohren formen Sie aus zwei je etwa 8 cm langen Heubündeln. Die Ohrbüschel mithilfe von Strohblumennadeln in den Kopf stecken und die Heufasern nach oben knicken.

Rumpf: Legen Sie das Heu großzügig um das Styroporei und umwickeln Sie es anschließend eng und fest mit dem Golddraht. Überstehende Heufasern können mit einer Schere gestutzt werden.

Flügel: Für die beiden Flügel müssen Sie zuerst zwei Pappschablonen anfertigen (siehe Vorlagenbogen). Dann werden die Schablonen jeweils mit einer Lage Heu umfasst und mit Golddraht umwickelt.

Schwanz: Auch für den Schwanz wird zunächst eine Schablone gearbeitet und anschließend mit Heu und Golddraht umwickelt.

Nun können die einzelnen Körperteile mit der Heißklebepistole zusammengefügt werden. Den Rumpf kleben Sie mit dem flacheren, dicken Ende am Kopf fest, vorher schieben Sie zum besseren Halt zwischen Rumpf und Kopf etwas Draht oder ein Schaschlikstäbchen ein. Flügel und Schwanz fixieren. Zur Zierde binden Sie

der Eule noch eine Schleife aus Naturbast um den Hals.

Zuletzt wird die Astgabel oder Wurzel ausgeschmückt. Als Standfuß befestigen Sie am unteren Gabelende eine ca. 10 cm große Holzscheibe, die Sie entweder mit Heißkleber ankleben oder mit einem Nagel fixieren. Den Standfuß anschließend mit Moos kaschieren. Auch die Gabel, in die später die Eule gesetzt wird, polstern Sie mit mehreren Lagen Moos aus.
Die bunten Blätter sind aus Strohseide und Draht gefertigt. Für jedes Blatt benötigen Sie zweimal die Grundform in der entsprechenden Farbe und einen Blattstiel aus Draht von 8 cm Länge. Den Drahtstiel legen Sie so zwischen die beiden Blattzuschnitte, dass der Draht einige Zentimeter am unteren Blattrand herausschaut. Dann kleben Sie die Blätter zusammen. Die Blätter mit den Drahtstängeln in das Moospolster der Astgabel stecken, zusätzlich noch einen Tropfen Heißkleber auf die Drahtenden geben.

Jetzt kann die Eule in die Astgabel gesetzt und mit der Heißklebepistole befestigt werden. Platzieren Sie die Eule so, dass sie, von vorn betrachtet, ein bisschen zur Seite schaut.

So wirkt die Eule besonders eindrucksvoll.
Vielleicht finden Sie auch eine alte, vertrocknete Wurzel, die sich als „Eulenthron“ eignet.

Herzen aus Heu

Material:

- *Heu*
- *Golddraht*
- *2 Styroporherzen, 9 cm und 7 cm breit*
- *Schleifenband, rot-weiß kariert, 1,5 cm breit, 70 cm lang*
- *Satinband, rot, 330 cm lang*
- *Holzperlen, weiß, ø 10 mm*
- *Weinblätter*
- *Seidenblüten*
- *Strohblumennadeln*

Legen Sie das Heu großzügig um die beiden Herzen und umwickeln Sie sie anschließend eng und fest mit dem Golddraht. Dabei den Anfang des Drahtes etwas überstehen lassen. Nach dem Umwickeln werden Anfang und Ende des Wickeldrahtes oberhalb der Herzeinbuchtung miteinander verschlungen und zu einer kleinen Aufhängeöse gebogen.

Überstehende Heufasern können Sie mit einer Schere stutzen. Nun durch die beiden Ösen ca. 1 m rotes Satinband ziehen und die beiden Herzen miteinander verbinden.

Anschließend können die Heuherzen beliebig dekoriert werden. Das kleinere Herz wird mit einer roten Doppelschleife aus Satinband verziert. Beim großen Herz binden Sie zuerst eine Schleife aus dem karierten Schleifenband und ergänzen diese zusätzlich mit einer roten Satinschleife.

Mit Strohblumennadeln einige Seidenblumen, Weinblätter und die Schleife am Herzen befestigen. Auf die Bandenden weiße Holzperlen aufziehen.

Freche Mäusedeko für die Wand

Vorlagen auf Seite 95

(Abbildung Seite 12)

Material für ein Mäuschen:

- *Wiesenheu*
- *Dünner Golddraht*
- *2 Glas-Tieraugen, ø 8 mm*
- *Pappe*
- *Schleifenband, blau*
- *Blumendraht*

Material für den Topf:

- *Tonblumentopf, ø 11 cm*
- *Satinband, hellblau, 3 mm breit; dunkelblau, 6 mm breit*
- *Grobmaschiges Juteband, naturfarben, ca. 80 cm lang*
- *8 Naturholzperlen, ø 1 cm*

Die Maus besteht aus mehreren Einzelteilen, die mit Heu umwickelt und entsprechend geformt werden.

Körper: Die Körperform besteht aus einem flachen, ca. 15 cm großen Heukegel, der zum Kopf hin spitz zuläuft. Nehmen Sie ein größeres Bündel Heu und pressen Sie es mit den Händen in die Grundform. Dann umwickeln Sie den Heukörper fest mit Golddraht, dabei können noch einige Korrekturen an der Form vorgenommen werden. Das Drahtende mit einer dicken Nadel

vernähen. Überstehende Halme mit einer Schere entfernen.

Ohren: Für die beiden Ohren müssen zunächst zwei ovale Pappschablonen angefertigt werden. Dann legen Sie Heu um die Schablonen und umwickeln sie fest mit Golddraht. Überstehende Halme einfach an den Kanten abschneiden.

Nase: Als Nase wird ein ca. 7 cm langes Heubüschel in der Mitte mit einigen Heufasern zusammengefasst und verknotet.

Schwanz: Beim Mäuseschwanz benötigen Sie ein 25 cm langes Stück Blumendraht. Den Draht fassen Sie dicht mit Wiesenheu ein und umwickeln ihn fest mit Golddraht.

Nun kann das Mäuschen mit Heißkleber zusammengefügt werden. Die beiden Ohren vor dem Befestigen etwas wölben, sodass sie in einer leichten Rundung vom Kopf abstehen. Den Mäuseschwanz schieben Sie ca. 3 cm tief in den Körper und befestigen ihn zusätzlich noch mit Heißkleber. Anschließend kann der Schwanz beliebig gebogen werden.

Die Nase kleben Sie ebenfalls fest, Sie können sie aber auch schon beim Umwickeln des Körpers miteinfassen. Seitlich die beiden Tieraugen aus Glas aufkleben. Zuletzt binden Sie dem Mäuschen noch eine oder mehrere Schleifen um den Hals.

Jetzt wird das Mäuseheim gestaltet. Zunächst den Topfrand verzieren. Passen Sie das grobmaschige Juteband dem Topfumfang an. Durch die Maschen an den beiden Längskanten fädeln Sie dunkelblaues Satinband, die Bandenden lassen Sie jeweils 30 cm überstehen. Anschließend wird an den Kanten Klebstoff aufgetragen und das Juteband rund um den Topf herum geklebt. Die Satinbandenden zu einer Schleife binden. Das restliche Juteband verwenden Sie als Aufhänger: Ein Bandende im Bereich der Schleife anknoten, das andere Ende zu einer großen Schlaufe knoten.
Nun können Sie das Mäuschen in den Tonblumentopf einkleben, dabei stecken Sie den Mäuseschwanz durch das Bodenloch des Topfes und lassen ihn frech herausschauen. Die eingeklebte Heumaus erhält eine doppelte Satinbandschleife um den Hals. Später an der Wand aufgehängt, wirkt es sehr dekorativ, wenn die Satinbänder lang herunterhängen und mit aufgefädelten Naturholzperlen verziert werden. Eine Maus ohne Topf leistet Gesellschaft.

Hallo Piepmatz!

(Beschreibung Seite 14)

Hallo Piepmatz!

(Abbildung Seite 13)

Bäumchen

Material für Bäumchen:

- *Blumentopf, ø 14 cm*
- *Steckschwamm*
- *Styroporkugel, ø 10 cm*
- *Styroporkugel, ø 8 cm*
- *Moos*
- *Naturbast*
- *Wickeldraht, grün*
- *Ast*

Legen Sie das Moos dicht um die Styroporkugel. Umwickeln Sie diese mit dem Draht, es darf kein Styropor mehr sichtbar sein.

Anschließend befestigen Sie den Steckschwamm im Blumentopf und decken ihn mit Moos ab.

Dann schneiden Sie von dem Ast zwei Stücke ab. Das untere Aststück ist 15 cm lang, das obere Stück ist 10 cm lang.

Stecken Sie nun Kugeln und Äste zusammen und fixieren Sie den Baum im Steckschwamm.

Eine üppige Bastschleife ziert das Bäumchen.

Heuvögel

Vorlagen auf Seite 96

Material je Vogel:

- *Wattekugel, ø 3 cm*
- *Styroporkugel, ø 6 cm*
- *Wickeldraht, grün*
- *Fotokarton in Oliv und Braun*
- *2 Glas-Tieraugen, ø 5 mm*
- *Stieldraht*

Umwickeln Sie die beiden Kugeln mit Heu. Anschließend kleben Sie die kleine Kugel wie abgebildet an die größere Kugel.

Aus Fotokarton schneiden Sie zwei Flügel, den Schwanz und den Schnabel zurecht. Der Schnabel wird in der Mitte geknickt, bevor Sie ihn fixieren. Dann können auch Flügel, Schwanz und Augen aufgeklebt werden.

Für die Füße schneiden Sie je Fuß drei 7 cm lange Drähte und einen 9 cm langen Draht zurecht. Benutzen Sie dazu den Stieldraht.

Umwickeln Sie die kürzeren Drähte mit dem längeren Drahtstück (Skizze).

Dann biegen Sie die Füße, wie auf der Zeichnung abgebildet, in Form.

Zuletzt werden die Füße etwa 1 cm tief in die Vögel gesteckt.

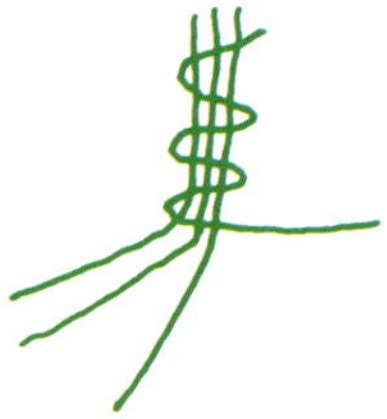

Huhn und Zopf

Heuzopf

Material:

- *Heu*
- *Perlonfaden*
- *Dekoband, grün-weiß kariert, 4 cm breit, 250 cm lang*
- *6 Tontöpfe, ø 3 cm*
- *Bast, rot*
- *Getrocknete Rosenköpfe*
- *Dschungelgras, grün*
- *Wickeldraht, grün*

Binden Sie aus Heu drei 1 m lange, etwa 4 cm dicke Stränge. Zum Binden der Stränge verwenden Sie keinen Draht, sondern Perlonfaden.

Nur die Enden der Stränge werden verdrahtet, damit das Gebundene hält.

Flechten Sie anschließend die Stränge zu einem Zopf. Die Zopfenden werden ebenfalls mit Draht fixiert.

Um diesen Draht kleben Sie auf jeder Seite ein 25 cm langes Bandstück. Es soll den Draht verdecken.

Dann füllen Sie die Tontöpfchen mit Dschungelgras und verteilen sie auf dem Zopf. Auch die Rosenköpfe werden nun befestigt.

Zuletzt verzieren Sie den Zopf an den Enden mit zwei Schleifen aus Band und Bast.

Huhn aus Heu

Vorlagen auf Seite 95

Material:

- *Styroporei, 16 cm groß*
- *Heu*
- *Pappe*
- *Wickeldraht, grün*
- *Rundstab*
- *2 Wackelaugen, ø 1,5 cm*
- *Band, grün-weiß kariert, 100 cm lang*
- *Bast, rot*

Fertigen Sie aus Pappe die Schablone für den Hühnerkopf an.

Bedecken Sie diese Pappschablone mit Heu. Auch das Styroporei muss vollständig mit Heu kaschiert werden.

An der spitzen Seite des Eies lassen Sie das Heu etwas überstehen. Binden Sie es nicht mit Draht fest, sonst geht der bu-

schige Effekt vom Schwanzgefieder verloren.
Verbinden Sie anschließend Kopf und Rumpf miteinander, indem Sie das Pappstück in einen vorgeritzten Schlitz auf dem Ei schieben.
Binden Sie eine Schleife aus Band und Bast um den Hals des Huhns. Dann werden die Augen aufgeklebt und der Rundstab wird von unten im Rumpf befestigt.

Igel und Eule

Vorlagen auf Seite 97/98

(Abbildung Seite 16)

Stecker „Igel“

Material:

- *Pappe*
- *Heu*
- *Moos*
- *Wickeldraht, grün*
- *Rundstab*
- *2 Glas-Tieraugen, ø 1,5 cm*

Schneiden Sie den Igel nach der Vorlage aus Pappe aus. Kleben Sie nun den Rundstab auf die Pappe.
Fassen Sie den Körper des Igels mit Heu, den Kopf mit Moos ein und umwickeln Sie beide Teile mit Draht.
Formen Sie eine kleine Heukugel (ø ca. 1,5 cm) und kleben Sie diese Kugel als Schnäuzchen auf die Nasenspitze. Zuletzt befestigen Sie noch die Augen.

Stecker „Eule“

Material:
- *Pappe*
- *Heu*
- *Moos*
- *Wickeldraht, grün*
- *Naturbast*
- *Rundstab*
- *Braunes Tonpapier*
- *2 Glas-Tieraugen, ø 1,5 cm*

Fertigen Sie die Einzelteile, Kopf, Körper und zwei Flügel, aus Pappe an. Kleben Sie den Rundstab auf den Körper. Fassen Sie Kopf und Körper mit Heu und die Flügel mit Moos ein und umwickeln Sie die Teile mit Draht. Setzen Sie anschließend die fertigen Einzelteile zusammen.
Für die Augen werden 2 cm lange Baststücke kreisförmig aufgeklebt. In der Mitte platzieren Sie dann die Augen. Zuletzt kleben Sie den Schnabel aus Tonpapier auf.

Ein Hahn aus Heu

Vorlagen auf Seite 96

Material:
- *Wiesenheu*
- *Pappe*
- *Rundholz, ø 8 mm, 40 cm lang*
- *Golddraht*
- *2 Glas-Tieraugen, ø 8 mm*
- *Dekoband Sonnenblumen, 4 cm breit, 50 cm lang*
- *Kordel, gelb, 50 cm lang*
- *Satinband, blau, 6 mm breit, 50 cm lang*

Rumpf, Flügel und Kamm des Hahns als Pappschablonen arbeiten. Dann wird die Pappschablone für den Rumpf am Rundstab befestigt. Sägen Sie in das obere Ende des Rundstabes einen schmalen Schlitz, geben Sie einen Tropfen Kleber hinein und stecken Sie die Rumpfschablone fest.

Rumpf: Zuerst wird der Schwanz geformt. Legen Sie beidseitig am Hinterkörper mehrere Lagen Wiesenheu an und umwickeln Sie das Heu eng mit Golddraht. Die Halme weit überstehen lassen. Als nächstes wird der Hals samt Kopf mit Heu eingedeckt. Zuletzt fassen Sie den Bauch dicht mit Wiesenheu ein. Sämtliche Heulagen mit Golddraht umwickeln.

Flügel und Hahnenkamm: Die Pappschablonen werden jeweils mit einer Lage Heu eingefasst und mit Golddraht umwickelt. Überstehende Halme mit einer Schere zurückschneiden.

Schnabel: Für den Schnabel nehmen Sie etwas Heu und drehen daraus eine ca. 6 cm lange und 0,5 cm dicke Schnur, die Sie fest mit Golddraht umwickeln. Anschließend wird diese Heuschnur zur Hälfte geknickt und an der Knickstelle mit Draht gesichert.

Nun können die Einzelteile mit Heißkleber verbunden werden. Seitlich am Kopf befestigen Sie die beiden Tieraugen. Zuletzt binden Sie aus dem Dekoband eine Schleife und befestigen diese am Rundstab. Zusätzlich die Schleife mit blauem Satinband und gelber Kordel verzieren.

Hase und Quaste

Bast-Quaste

Material:
- *2 Bund Naturbast*
- *Holzkugel, ø 8 cm*
- *Holzkugel, ø 3 cm*
- *Band, braun-weiß gestreift, 4 cm breit*
- *Bindfaden, 50 cm*
- *Klebstoff*
- *Pappschablone, 27 cm x 27 cm*

Legen Sie den Bindfaden über die Schablone. Dann wickeln Sie beide Bastbündel vollständig um die Schablone herum.

Wenn Sie damit fertig sind, binden Sie den Bast mit dem Faden zusammen. Dann entfernen Sie die Schablone und schneiden die noch zusammenhängenden Bastenden auseinander.

An der oberen Seite der Quaste ziehen Sie die zwei Holzkugeln über den Faden. Dann knoten Sie die Kugeln fest. Zuletzt wird unterhalb der dicken Holzkugel das Band um die Quaste geklebt.

Heuhäschen

Vorlagen auf Seite 96

Material:
- *Heu*
- *Golddraht*
- *Pappe*
- *2 Glas-Tieraugen, ø 1,5 cm*
- *Klebstoff*
- *Kleines Stück Schnur*

Formen Sie zuerst die Einzelteile des Hasen aus Heu.

Der Rumpf ist 25 cm lang und hat einen Umfang von 46 cm; der Kopf ist ein 15 cm langes und 28 cm dickes Oval; der Schwanz ist 4 cm lang und 3 cm breit; die vier Pfoten sind 10 cm lang und haben einen Umfang von 10 cm. Die Ohren werden aus einer Schablone gefertigt.

Umwickeln Sie die Schablone mit Heu und formen Sie die Ohren etwas nach. Dann werden die Einzelteile aneinandergebunden und mit Heu angeglichen.

Zuletzt kleben Sie die Augen und die Schnauze aus Schnurstückchen auf.

Vogelstecker

Vorlagen auf Seite 98/99

Ente

Material:

- *Pappe*
- *Heu*
- *Wickeldraht, grün*
- *Rundstab*
- *2 Wackelaugen, ø 1 cm*
- *Band, grün-weiß kariert, 2,5 cm breit, 100 cm lang*

Schneiden Sie den Vogel nach der Vorlage aus Pappe aus. Kleben Sie den Rundstab auf die Pappe, bevor Sie die Pappvorlage mit Heu einfassen und mit Draht umwickeln. Anschließend kleben Sie die Wackelaugen auf und verzieren den Vogel mit einer Schleife.

Schwan

Material:

- *Pappe*
- *Heu*
- *Moos*
- *Wickeldraht, grün*
- *Rundstab*
- *2 Glas-Tieraugen, ø 1,5 cm*

Schneiden Sie den Schwan und die beiden Flügel aus Pappe aus. Kleben Sie den Rundstab auf die Schwanenform. Anschließend fassen Sie den Schwan mit Heu, die Flügel mit Moos ein und umwickeln sie mit Draht.

Kleben Sie dann die Flügel wie abgebildet von vorne und hinten auf den Schwan. Zuletzt werden die Augen befestigt.

Rosige Herzchen

Rosenherzen

Vorlagen auf Seite 99/100

Material:

- *Pappe*
- *Heu*
- *Wickeldraht, grün*
- *Bast, grün*
- *Je Herz ca. 20 getrocknete Rosenköpfe*

Schneiden Sie das Herz nach der Vorlage aus Pappe aus. Dann kaschieren Sie die Pappvorlage mit Heu. In die Herzmitte kleben Sie anschließend die Rosenköpfe mit Heißkleber. Achten Sie darauf, dass die Köpfe in Form eines Herzchens befestigt werden.

Mit grünem Bast hängen Sie das Herz auf. Eine ebenfalls grüne Bastschleife ziert das fertige Herz.

Herzstecker

Material:

- *Pappe*
- *Heu*
- *Moos*
- *Wickeldraht, grün*
- *Je Herz ca. 25 getrocknete Rosenköpfe*
- *Rundstab*

Zuerst schneiden Sie das Herz nach der Vorlage aus Pappe aus. Anschließend kleben Sie den Stab auf die Pappe.

Dann bedecken Sie das Herz entweder mit Heu oder Moos.
Am Rand des Herzchens entlang werden die Rosenköpfe mit Heißkleber fixiert.

Vogel aus Heu

Material:

- *Styroporkugel, ø 10 cm*
- *Styroporkugel, ø 5 cm*
- *Pappe*
- *Moosgummi, rot , 2 mm stark*
- *Wickeldraht, grün*
- *Heu*
- *2 Wackelaugen, ø 1 cm*
- *Band, rot-weiß gestreift, 2,5 cm breit, 70 cm lang*

Umwickeln Sie die Kugeln mit Heu. Aus Pappe fertigen Sie die Schablone für den Flügel an, der anschließend ebenfalls mit Heu umwickelt wird.
Der Schwanz des Vogels aus Pappe und Heu wird 5 cm lang und 3 cm dick. Das Ende des Schwänzchens umwickeln Sie nicht mit Draht. Es soll locker und verstrubbelt aussehen.
Kleben Sie nun Kopf, Rumpf, Flügel und Schwanz aneinander.
Aus Moosgummi fertigen Sie den Schnabel, den Sie wie abgebildet am Kopf befestigen. Dann werden nur noch die Augen fixiert.
Zuletzt verzieren Sie den Hals des Vogels mit einer Schleife.

Lavendelbündel

Material:

- *Lavendel*
- *Litze, gold*
- *Dekoband, blau, 10 mm breit*
- *Dekoband, rot, 16 mm breit*
- *Netzblatt, gelb*
- *Golddraht*
- *Satinband, grün, 16 mm breit*
- *Dekoband, gold, 25 mm breit*
- *Blütenband, 22 mm breit*
- *Zimtstange*
- *Sternanis*
- *Blätter, getrocknet*
- *Orangenscheibe, präpariert*
- *Seeigel-Griffel*
- *Muschel*
- *Goldpuder*

Binden Sie ein Lavendelbündel oben und unten mit Bindedraht zusammen. Die Stiele auf die gleiche Länge kürzen.
Wickeln Sie blaues Dekoband, goldene Litze, rotes Dekoband, ein gelbes Netzblatt, grünes Satinband, goldenes Dekoband und Blütenband um die Stiele des Lavendels. Alles zuletzt mit Golddraht umwickeln.
Kleben Sie auf die gewickelten Bänder getrocknete Blätter, Zimt, Sternanis, eine Muschel, den Seeigel-Griffel und einen Teil einer Orangenscheibe.
Anfang und Ende der Zimtstange mit Heißkleber versehen und Goldpuder in den noch flüssigen Kleber streuen.
Wickeln Sie auch über den Zimt Golddraht.

Rosenherz

Material:

- *Herzunterlage für Frischblumen*
- *10-15 verzweigte Rosen*
- *Rosmarinzweige*
- *Lavendelzweige*
- *Naturbast*
- *Kordel*
- *Haften*

Legen Sie zuerst die Herzunterlage ins Wasser, bis sie sich vollgesogen hat. Drapieren Sie dann einen dicken Strang Bast um die Herzform und fixieren Sie den Bast an mehreren Stellen mit Haften in der Unterlage. Danach stecken Sie den Rand mit Lavendel- und Rosmarinzweigen aus.

Die Rosen sollten beim Verarbeiten schon etwas aufgeblüht sein. Wenn noch viele Knospen an den Stielen sind, brauchen Sie wesentlich mehr Material. Stecken Sie die Rosen nun ganz kurz, Kopf an Kopf, in den Steckschaum. Zwischen den Rosen lassen Sie noch ein paar Kräuterzweige durchschauen.

Die Kordel wird über den Bast gelegt, oben in der Mitte des Herzens festgesteckt und unten zusammengebunden. Dann können Sie das Herz trocknen lassen.

Natur pur

Material:

- *Hopfenrebenkranz, ø 35 cm*
- *Kokosschale*
- *Kokosfaser*
- *Verschiedene Zapfen, natur und gebleicht*
- *Exotische Trockenstände*
- *Mohnkolben, groß und klein*
- *Kalixpilze*
- *Baumpilze*
- *Bucheckern*
- *Eukalyptusglocken*
- *Edelweißflechten*
- *Moos*
- *Blätter, getrocknet*
- *Bast*

Legen Sie den Hopfenrebenkranz über Nacht in Wasser, schneiden Sie den Draht, mit dem er zusammengebunden ist, auf und lockern Sie den Kranz. Lassen Sie die Zweige wieder trocknen.
Nun kleben Sie die oben genannten Materialien dekorativ verteilt zwischen die Rebenzweige.

Knoten Sie fünf Bastfäden zusammen und schlingen Sie diese mehrmals um den Kranz, damit er gut zusammenhält. Hängen Sie den Kranz an einem Bastfaden auf.

Tipp:
Sie können den Kranz auch mit anderen Materialien, die Sie im Wald finden, bekleben.

Ähren

Ährensträusschen

Material:

- *Kornähren*
- *Geschenkband, 4 cm breit, 1 m lang*
- *Spitze, 1 cm breit, 2 m lang*
- *Satinband, hellblau, 3 mm breit, ca. 300 cm lang*

Die Ähren zu einem Strauß arrangieren und diesen unterhalb der Grannen abbinden. Mit einer Schere werden die Halme auf eine Länge geschnitten.
Anschließend das Satinband unten anknoten und fortlaufend um die Halme herum hoch bis zum Ährenansatz wickeln. Das Ende festknoten und mit einer Schlaufe zum Aufhängen versehen.
Zuletzt wird das Sträußchen noch mit je einer Schleife aus dem Geschenkband, der Spitze und dem Satinband dekoriert. Die Bandenden lassen Sie lang herunterhängen.

Ährenkreuz

Material:

- *Kornähren*
- *Geschenkband, 4 cm breit, 130 cm lang*
- *Spitze, 1 cm breit, 150 cm lang*
- *Satinband, hellblau, 3 mm breit, 150 cm lang*
- *Blumendraht*

Zuerst binden Sie aus den Kornähren zwei flache Ährensträuße, wobei die Ähren fächerartig angeordnet werden. Die Halme auf eine Länge stutzen. Anschließend werden die beiden Sträuße kreuzweise übereinandergelegt und mit dünnem Blumendraht fixiert. Dann befestigen Sie das Aufhängeband und knoten es zu einer Schlaufe.
Aus dem Geschenkband, der Spitze und dem Satinband je eine Schleife binden und am Ährenkreuz befestigen.

Emailkanne mit Ähren

Material:
- *(Alte) Emailkanne*
- *Viskoseband, hellblau und dunkelblau, 1 cm und 1,5 cm breit*
- *Leinenband*
- *2 Deko-Weintrauben, blau*
- *Blumendraht*
- *Kornähren*

Das dunkelblaue Viskoseband um den Kannenhals winden und oberhalb des Henkels verknoten. Anschließend werden die (gleich langen) Enden kreuzweise um den Henkel gewickelt und am Griffende verknotet. Dann die Schleifen aus Viskose- und Leinenband platzieren.
Befestigen Sie ein längeres Stück Blumendraht an den Weintrauben, biegen Sie den Draht zu einem Haken und hängen Sie die Trauben in die Kanne ein. Zum Schluss füllen Sie die Kanne mit einem großen Strauß Kornähren.

Wiesenblumenkranz

Material:
- *Metallring, ø 20 cm*
- *Schale, flach*
- *Verschiedene Gräser und Wiesenblumen (z.B. Kamille, Mohn, Schafgarbe und Karthäusernelke)*

Sammeln Sie im Juni Gräser und Wiesenblumen und holen Sie sich ein Stück Natur ins Haus.

Befestigen Sie den Bindedraht am Metallring. Kürzen Sie die Blumen und Gräser auf ca. 15 cm Länge, legen Sie sie büschelweise auf den Metallring und wickeln Sie von der Mitte aus den Bindedraht über die Stiele der Wiesengräser und Blumen. Binden Sie so lange, bis der Kranz geschlossen ist.

Tipp:
Legen Sie den Kranz in eine Schale mit Wasser, damit er länger frisch bleibt. Der Wiesenblumenkranz ist eine zauberhafte Tischdekoration, z. B. für Geburtstage.

Heukranz mit Gemüse

Material:
- *Metallring, ø 25 cm*
- *Heu*
- *Tontöpfe*
- *Gemüse, künstlich*
- *Zwiebeln, klein*
- *Chilischoten*
- *Papierblumen, orange*
- *Ähren*
- *Rupfenband, 10 cm breit*
- *Jutekordel, ø 3 mm*
- *Bast, natur*

Binden Sie mithilfe von Bindedraht das Heu über den Metallring. Hängen Sie den Kranz am Rupfenband auf. Binden Sie das Rupfenband mit der Jutekordel oben zusammen und kleben Sie auf das Aufhängeband zwei Ähren, die Sie mit Bast zusammengebunden haben.

Fertigen Sie zwei Bündel Heu. Umwickeln Sie diese mit Bast, eines davon wird an die Aufhängung geklebt, das andere hängt in die Kranzmitte. Dekorieren Sie die Bündel mit Papierblumen.
Das künstliche Gemüse fixieren Sie mit Klebstoff rechts und links auf dem Heukranz, dazwischen die Chilischoten und die Zwiebeln. Drahten Sie die Tontöpfe an, stecken Sie einen neben der Aufhängung, den anderen unten in der Mitte des Kranzes fest und füllen Sie die Töpfe mit Moos, Zwiebel und Chilischoten. Zwei Zwiebeln drahten Sie an und stecken diese neben den unteren Tontopf in den Kranz. Jetzt kann das Erntedankfest kommen!

Raumdekoration auf einer Säule

Material:
- *Steckschaum für Frischblumen*
- *Schale*
- *2 Hortensienblüten*
- *3 Freilandrosen*
- *2 Sonnenblumenköpfe*
- *Ca. 5 Stiele hängender Fuchsschwanz (Amaranthus)*
- *Efeuranken*
- *Salalblätter*
- *Fruchtstand von Hypericum (Johanniskraut)*
- *Sedum*
- *Ca. 8 Physalisblüten („Lampions")*
- *Getrocknetes Wurzelgeflecht*
- *1 Bund Lavendel*
- *Ziergräser*

* Asparagus
* Naturbast
* Dünne Kordel
* 2 Terrakottaherzen

Zuerst wird der Steckschaum passend für die Schale zugeschnitten und gewässert. Er sollte ca. 3 cm über den Rand stehen.
Beginnen Sie mit Fuchsschwanz, Efeuranken und Ziergräsern für die abfließenden Bewegungen. Entfernen Sie beim Fuchsschwanz dabei die Blätter, denn sie werden schnell welk und unansehnlich! Decken Sie dann den Rand des Steckschaums mit Salalblättern ab.
Nun stecken Sie die Hortensien recht kurz in die Mitte. Auch die Sonnenblumenköpfe, die Rosen und das Sedum werden kurz um die Hortensienblüte in der Basis angeordnet. Das Hypericum wird in die Basis und auch etwas nach unten fließend eingearbeitet. Drahten Sie den Naturbast in ein bis zwei Büscheln an und stecken Sie diese dicht neben der Hortensie ein.
Das feine, getrocknete Wurzelgeflecht wird ebenfalls angedrahtet und rund um die Hortensie eingesteckt. Achten Sie darauf, dass der komplette Steckschaum mit Blättern oder Bast abgedeckt ist.
An einem längeren Bastfaden werden nun die Physalisblüten in unregelmäßigen Abständen festgebunden. Ebenso verfahren Sie mit dem Lavendel, der in kleinen Büscheln festgebunden wird. Diese Bastfäden binden Sie nun an einem Blatt oder

an einer Ranke im oberen Bereich des Gesteckes fest. Die Terrakottaherzen werden an beiden Enden der Kordel festgebunden und über dem Gesteck dekoriert.
Dieses Gesteck auf der Säule können Sie langsam eintrocknen lassen.

Weizengesteck mit Früchten

Material:

- *Tonschale, ø 12 cm*
- *Steckschaum*
- *Weizen*
- *Weinlaub*
- *Birnenscheibe, präpariert*
- *Orangenscheibe, präpariert*
- *Apfelscheibe, präpariert*
- *Weintrauben*
- *Bast, natur*
- *Kupferdraht*

Flechten Sie aus dem Naturbast einen Zopf und binden Sie mit Kupferdraht Anfang und Ende ab.
Die Tonschale wird mit Steckschaum gefüllt. Bis zum Rand der Tonschale von der Mitte aus wird der Weizen in dem Steckschaum platziert. Schlingen Sie den Zopf um die Stielenden des Weizens und kleben Sie Anfang und Ende des Zopfes am Weizen fest. Kleben Sie auf die Stiele das Weinlaub, die Fruchtscheiben, die Trauben und den Weizen.

Heumagd und Lavendeltopf

Lavendeltopf

Material:
- *Hoher Blumentopf, ø 7 cm*
- *Dschungelgras, naturfarben*
- *Steckschwamm*
- *Lavendel*
- *Bast, blau*
- *Tontopf, ø 3 cm*

Befestigen Sie den Steckschwamm im Blumentopf. Anschließend decken Sie den Schwamm mit Dschungelgras ab. Den Lavendel stecken Sie nun in die Mitte des Topfes. Er steht ungefähr so viel hoch wie der Topf hoch ist. Ein kleines Bündel Lavendel, ca. 6 cm lang, wird liegend auf dem Dschungelgras befestigt. Daneben platzieren Sie den Tontopf. Eine Schleife aus blauem Bast wird zur Zierde um den Lavendel gebunden.

Heumagd

Vorlagen auf Seite 101

Material:
- *Heu*
- *Lavendel*
- *Hafer*
- *Golddraht*
- *Stoff*
- *Zackenschere*
- *Rundstab, 20 cm lang*
- *Wattekugel, ø 3 cm*
- *Band, blau, 1 cm breit, 100 cm lang*

Kleben Sie den Rundstab in die Kugel. Nun umwickeln Sie Rundstab und Kugel mit Heu und Golddraht.
Dann binden Sie einen 40 cm langen und 1,5 cm dicken Heustrang für die Arme. Diesen Strang befestigen Sie hinter dem Rundstab.
Schneiden Sie den Hafer auf 19 cm Länge, bevor Sie ihn als Rock, mit den Stielen nach oben, um den Rundstab legen und in der Taille mit Draht festbinden. Wiederholen Sie diesen Vorgang so oft, dass die Puppe stehen kann.
Dann biegen Sie die Arme zurecht.
Kopftuch und Schürze werden nach der Vorlage mit einer Zackenschere ausgeschnitten. Befestigen Sie dann Kopftuch und Schürze mit Klebstoff. Aus dem blauen Band binden Sie eine Schleife um die Taille der Puppe.
Ein kleiner Bund Lavendel (15 cm lang) wird mit Draht umwickelt und der fertigen Magd in den Arm gelegt.

Italienisches Buffet

Material:

- *Tontöpfe in verschiedenen Größen*
- *Artischocken*
- *Cocktailtomaten*
- *Peperoni*
- *Lavendelblüten*
- *Lavendelzweige*
- *Rosmarinzweige*
- *Frische Hopfenreben*
- *Naturbast*
- *Nudeln, Spaghetti*

Wenn Sie keinen Tisch mit doppelter Glasplatte (wie auf der Abbildung) besitzen, können Sie die Hopfenreben und Cocktailtomaten auch auf die obere Tischplatte legen. Die zubereiteten Speisen stellen Sie zwischen die Dekoration.
Suchen Sie die Tontöpfe nach der Größe der Artischocken aus. Diese sollen mit dem unteren Drittel im Topf sitzen. Dann dekorieren Sie die Töpfe mit Cocktailtomaten, die mit dem Stiel am Bast festgebunden werden.
Die Hopfenreben werden ebenfalls um die Artischocken gelegt und mit Bast zusammengebunden. Mit Bast umwickeln Sie auch die Töpfe. Damit er nicht abrutschen kann, wird er mit der Heißklebepistole an zwei bis drei Stellen festgeklebt.
Füllen Sie die kleineren Tontöpfe mit Cocktailtomaten und dekorieren Sie Kräuterzweige dazu. In die Minitöpfe füllen Sie unten etwas Bast ein, damit die einzelnen Tomaten nicht zu weit in die Töpfchen rutschen.
Die Peperoni und die Kräuter knoten Sie an Bastfäden, die Sie als Dekoration auf bzw. unter die Tischplatte legen. Verstreuen Sie nach Belieben noch verschiedene Nudelsorten oder Spaghettibündel auf dem Tisch.

Tipp:

Die Dekoration für Ihr Buffet können Sie schon ein bis zwei Tage vor dem Fest fertigstellen. So können Sie sich dann in Ruhe um Ihre Speisen kümmern.

Heuzopf

Heuzopf

Material:
- *Heu*
- *Juteband, 10 cm breit, 200 cm lang*
- *Band, grün-weiß gestreift, 4 cm breit, 150 cm lang*
- *Kleiner Strauß getrocknete Rosen*
- *Perlonfaden*

Aus dem Heu werden drei 110 cm lange Stränge gebunden, die einen Umfang von 16 cm haben.
Die fertigen Stränge werden anschließend zu einem Zopf geflochten und mit Perlonfaden aneinander festgebunden.
Aus den zwei Schleifenbändern binden Sie eine Schleife, die Sie an einem Ende des Zopfes befestigen. Der Rosenstrauß wird in der Mitte der Schleife fixiert.

Rosengesteck

Material:
- *1 Bund getrocknete rote Rosen*
- *Papiertüte*
- *Steckschwamm*
- *Moos*
- *2 Zimtstangen, 5 cm lang*
- *Naturbast*
- *4 getrocknete Gurkenscheiben*
- *Mit Samen beklebte Kugel*

Den Steckschwamm in die Papiertüte kleben. Danach die Tüte umkrempeln, sodass sie den Schwamm verdeckt.
Dann den Schwamm mit Moos bestecken.
Nun werden die Rosen gerade in den Schwamm gesteckt. Achten Sie darauf, dass die Rosen gleichmäßig hoch stehen.
Anschließend können Sie die Zimtstangen und die Kugel mit Bast umwickeln und mit einer Schleife verzieren. Zuletzt stecken Sie auch Kugel, Gurkenscheiben und Zimtstangen in den Steckschwamm, und zwar vor das Gesteck.

Bild mit Limonenscheiben

Material:

- *Ovaler Holzrahmen, 16 cm x 14 cm*
- *Weiße Wellpappe*
- *3 getrocknete Limonenscheiben*
- *2 Zimtstangen, 10 cm lang*
- *Sisalband, 50 cm*

Kleben Sie weiße Wellpappe hinter den Holzrahmen. Auf der Wellpappe befestigen Sie dann die Limonenscheiben und die Zimtstangen. Die Zimtstangen werden vorher mit dem Sisalband zusammengebunden. Die Enden dieses Bandes drapieren Sie auf dem Bild und kleben sie ebenfalls, allerdings nur punktuell, fest.

Minigestecke mit Rosenblüte
(Beschreibung Seite 34)

Minigestecke mit Rosenblüte

(Abbildung Seite 33)

Orangerote Blüte

Material:

- Terrakottatöpfchen, ø 6 cm
- Steckschaum für Frischblumen
- Großblütige Rose, orangerot
- Cannastab, grün
- 2 Hirsegräser
- Bubleurum
- Galaxblätter
- Fruchtstand von Viburnum (Schneeball)
- Asparagus
- Naturbast
- Ca. 5 Lavendelzweige
- 2 Steckdrähte

Zuerst wird der Steckschaum in Wasser eingeweicht, dann so zugeschnitten, dass er in das Töpfchen passt, nicht wackelt und 1 cm über den Rand steht.
Nun schneiden Sie den Cannastiel in drei verschieden große Stücke und binden diese mit Naturbast fest zusammen. Dann drahten Sie das Bündel in der Mitte an und stecken es in den Steckschaum. Nun werden die Galaxblätter eingesteckt.
Kürzen Sie den Rosenstiel auf 4 cm Länge und stecken Sie ihn in das Gesteck. Als nächstes werden Asparagus, Bubleurum, Fruchtstand von Viburnum und Hirse eingesteckt wie auf der Abbildung zu sehen. Drahten Sie nun ein kleines Büschel Bast an und stecken Sie es in die Basis Ihres Gesteckes.
Zum Schluss binden Sie mit einem Stück Bast das Lavendelbündel an dem Cannastab fest.

Cremefarbene Blüte

Material:

- Keramiktöpfchen, creme
- Steckschaum für Frischblumen
- Großblütige Rose, creme
- Cannastab, grün
- Kleine Hortensienblüte, grün
- Pitosforino
- Asparagus
- Rosmarinzweig
- Efeublätter
- Naturbast
- 4-5 cremefarbene Perlen, ø 8 mm
- Steckdraht
- Golddraht, ca. 20 cm lang

Arbeiten Sie in der Reihenfolge wie oben beschrieben. In diesem Fall fädeln Sie als Abschluss die Perlen in ca. 5 cm Abstand auf den Golddraht, legen ihn über das Gesteck und befestigen ihn auf beiden Seiten an dem Cannastiel.

Obststrauß

Material:

- 1 Cannastiel, grün
- 2 kleine Philodendronblätter
- 2-3 Stiele Asparagus
- 2 Typhablätter
- Naturbast
- 1 Banane
- 1 Apfel
- Ca. 7 Litschis
- 1 Passionsfrucht
- 2 Mandarinen mit Stiel
- Golddraht
- Goldbouillondraht
- Steckdraht, ø 1,8 mm
- Steckdraht, ø 1,4 mm

Der Cannastiel wird durchgeschnitten, zusammengelegt, in der Mitte mit einem Büschel Bast umwickelt und an dieser Stelle mit dem dickeren Draht fest angedrahtet. Ziehen Sie den Bast etwas auseinander, sodass er nachher, wie auf der Abbildung zu sehen, zwischen dem Obst drapiert werden kann.
Über die Mitte der Banane wird der 1,8 mm starke Draht gelegt und auf der Unterseite zusammengedreht. Der Draht muss eng an die Banane angelegt werden, damit sie nicht wackelt.
Dann etwas Bast über den Draht wickeln, damit er nicht mehr sichtbar ist. Die Passionsfrucht wird ebenfalls in der Mitte mehrfach mit Golddraht umwickelt. Dann stecken Sie den 1,4 mm starken Draht zwischen Frucht und Golddraht und drehen ihn ebenfalls zusammen. Die Mandarinen werden mit dem dünnen Draht vorsichtig am Stiel angedrahtet. Nun nehmen Sie den Cannastiel in die Hand und legen die Banane, die Mandarinen und die Passionsfrucht darauf. Da das Obst ziemlich schwer ist, muss es zusätzlich mit Golddraht auf dem Stiel festgebunden werden. Umspannen Sie dabei das Obst kreuz und quer mit dem Golddraht. Als Schmuck und zusätzlichen Halt ziehen Sie noch etwas Goldbouillon darüber. Nun binden Sie zuerst den Asparа-

gus ein. Dann werden die Typhablätter angelegt, über den Strauß drapiert und mit der Blattspitze in die Bindestelle eingebracht.

Den Abschluss bilden die Philodendronblätter. Nun wird der Strauß zusammengebunden und in eine Vase oder einen Übertopf gestellt. Wichtig ist, dass die Früchte im Strauß so schwer sind, dass, wenn Sie nun den Apfel mit Golddraht an dem Cannastiel anbinden, das Gleichgewicht gehalten wird. Die Litschis mit Golddraht umwickeln und über den Strauß legen. Den Draht am Cannastiel verknoten.

Sonnenblume in Terrakottavase

Material:
- Terrakottavase
- Steckschaum für Frischblumen
- Sonnenblume
- Salalblätter
- Ziergras
- Dill
- Fruchtstand von Hypericum (Johanniskraut)
- Sedum
- 2 dünne Cannastäbe
- Naturbast
- Dünne Kordel, ca. 100 cm lang
- Terrakottaherz
- Steckdraht

Der gut befeuchtete Steckschaum wird für die Vase passend zurechtgeschnitten, sodass er noch etwas über den Rand steht.

Nun schneiden Sie die Cannastäbe in unterschiedliche Längen, drahten sie fest zu einem Bündel zusammen und stecken sie in den Steckschaum.

Schneiden Sie die Sonnenblume kurz und setzen Sie sie in die Mitte. Die Salalblätter und das Sedum werden kurz in die Basis eingearbeitet. Das Hypericum, der Dill und das Gras werden nach außen laufend eingesteckt. Ein angedrahtetes Bastbündel wird hinter die Sonnenblume gesteckt.

Binden Sie die Kordel zu einer Schleife und stecken Sie sie angedrahtet vor die Sonnenblume. Nun kleben Sie noch das Terrakottaherz mit der Heißklebepistole an den Cannastäben fest.

Halbkranz

Material:

- *Weinrebenkranz*
- *Sonnenblumen*
- *Bast*
- *Minimais*
- *Strelizienblatt*
- *Traube, blau*
- *Moosfäden*
- *Efeuranke*
- *Kokosfaser*
- *Lockenschilf, grün*
- *Ingwer*
- *Chili*
- *Weizen*
- *Jutegewebe*
- *Dekofrüchte*
- *Stoffblätter*
- *Toscalaub*
- *Golddraht*
- *Bindedraht*

Schneiden Sie einen Weinrebenkranz auseinander und binden Sie fünf Weinrebenzweige mit Bindedraht zu einem Halbkranz zusammen. Befestigen Sie daran eine Aufhängung aus Bast. Bündeln Sie die Moosfäden und die Kokosfaser mit Golddraht. Dann binden Sie mit Bast das Jutegewebe über die Weinreben und befestigen darauf gut verteilt die oben angegebenen Materialien. Das Strelizienblatt knicken Sie, damit es sich der Halbkranzform anpasst.
Kleben Sie die größere Sonnenblume in die obere Hälfte des Halbkranzes, darunter den Weizen, den Sie vorher in verschiedenen Längen zusammenbinden.

Den Efeuzweig schlingen Sie zwischen den aufgeklebten Materialien durch und füllen die Lücken mit den verschiedenen Früchten und dem Lockenschilf aus.

Schöne Schachteln

Material:

- *Span- oder Pappschachteln*
- *Wellpappe in Natur*
- *Moos*
- *Bast*
- *Strohblumen*
- *Getrocknete Gräser und Blätter*
- *Jute*
- *Bemalte Steine*
- *Bleistift*
- *Transparentpapier*
- *Schere*
- *Alleskleber*

Die Schachtelummantelung aus naturfarbener Wellpappe können Sie selbst herstellen:
Die Formen für die quadratische Schachtel werden auf die Rückseite der Wellpappe übertragen, dann werden die beiden Teile ausgeschnitten, gefaltet und an den Klebelaschen zusammengeklebt.
Für die herzförmige Dose müssen Sie den Deckel und den Boden jeweils zweimal zuschneiden und mit der glatten Seite des Kartons aufeinanderkleben. Um den Deckel wird nun ein 3 cm x 36 cm langer Wellpappestreifen geklebt. Für eine hohe Herzdose wird um den Boden ein 7 cm x 35,5 cm langer Streifen geklebt, für eine flachere Herzdose wird ein 5 cm x 35,5 cm langer Wellpappestreifen verwendet.
Zum Schluss werden die Schachteldeckel mit den verschiedenen Materialien beklebt.

Floristisches Bild

Material:

- *Rindenrahmen, 29 cm x 24 cm*
- *Kürbis, ø ca. 6 cm*
- *Kapuzinerkressezweig*
- *Alliumzweig*
- *Baumrindenvogel im Nest*
- *Heuwagen*
- *Dreiteiliger Apfelpick*
- *Jute- oder Bast-Vogelscheuche*
- *Weizen*
- *Wiesenheu*
- *Naturbast*
- *Band mit Kürbismotiven, 1,20 m lang*

Alle Zweige werden soweit gekürzt, dass sie in den Rahmen passen. Allium- und Kapuzinerkressezweig sowie ein Bündel Weizen mit mehreren Strängen Naturbast mit einer Schleife zusammenbinden und in die untere linke Ecke des Rahmens kleben.
Binden Sie eine Doppelschleife und verknoten Sie sie ebenfalls mit Naturbast. Oberhalb der Schleife wird der Apfelpick eingeklebt.
Das Heu bündeln und mit Kürbis und dem Heuwagen samt Vogel im Nest aufkleben. Von der rechten oberen Ecke aus schaut die Vogelscheuche auf die Herbstidylle.

Vorlagen auf Seite 96

Fensterkreuz

Material:
- Kleines Fensterkreuz zum Stellen, 44 cm
- Acrylfarbe, weiß
- Pappe
- Heu
- Wickeldraht, grün
- 2 Drahtringe, ø 5 cm
- Band, grün, 1 cm breit, 3 m lang
- Band mit Efeumotiv, 4 cm breit, 1 m lang

Schneiden Sie aus Pappe zwei Herzen aus und umwickeln Sie sie mit Heu (siehe Seite 6). Auch die Drahtringe werden mit Heu umbunden. Malen Sie das Fensterkreuz mit weißer Farbe an. Das getrocknete Fensterkreuz verzieren Sie mit grünem Band. Mit dem gleichen Band werden auch die Herzen und Kränze am Kreuz festgebunden. Eine dicke Schleife mit Efeumotiv ziert den Sockel.

Hagebutten-Potpourri

Material:
- Keramikschale o. ä.
- Hagebutten
- Sternanis
- Zimtstangen
- Bärentraubenblätter
- Gemahlener Zimt
- 2 Tropfen Patschouliöl
- 2 Tropfen Rosenöl
- 2 Tropfen Lavendelöl

Den gemahlenen Zimt mit dem Öl beträufeln und unter die Potpourrizutaten mischen. Ca. acht Tage verschlossen halten, dann in eine Keramikschale oder in ein anderes Gefäß füllen.

Blüten-Kugeln

(Abbildung Seite 42)

Kugel mit getrockneten Rosen

Material:

- *1 Kugel aus Trockensteckmasse*
- *1 großer Bund getrocknete Rosen*
- *Golddraht, ø 0,4 mm*
- *Bouillondraht, gold*
- *Heißkleber*

Für die 10 cm große Kugel aus Trockensteckmasse werden von dem getrockneten Rosenbund Blüten, Blätter und Stiele verwendet. Die Blüten und die Blätter gruppenweise anlegen. Man schneidet die Rosenstiele auf eine Länge von 2 cm zurück, gibt auf das Stielende einen Tropfen Heißleim und drückt ihn in die Trockensteckmasse. Die trockenen Blätter schuppenförmig übereinander kleben bzw. stellen, damit sie fast gleich hoch sind wie die Rosenblüten. Rosenstiele von Blättern und Dornen befreien, in 6-7 cm lange Stücke schneiden. Jeweils 8 Stückchen mit Golddraht zu einem Bündel verarbeiten. Die Holzbündel gleichmäßig über die Kugel verteilen.
Zum Schluss umwickelt man die Kugel zur besseren Haltbarkeit mit stark auseinandergezogenem Bouillondraht.

Kugeln mit frischen Rosenblättern

Material:
- *3 Styroporkugeln, ø 5, 6 und 8 cm*
- *3 große, frische Schnittrosen*
- *Golddraht*
- *Stecknadeln*
- *Verbandmull*
- *Glitterpaste, Glitterfarbe*
- *Klarlack*

Die drei Styroporkugeln mit frischen Rosenblättern schuppenartig belegen und diese mit Stecknadeln fixieren. Danach alles mit Golddraht umwickeln. Damit die Farben der Rosenblätter besser erhalten bleiben, umwickelt man die Kugeln zum Trocknen mit Verbandmull.
Nach ungefähr 10 Tagen den Mull abnehmen, auf die Stecknadelköpfe Glitterpaste aufsetzen. An den Stellen, wo die Rosenblätter die Kugeln nicht mehr bedecken, mit Glitterpaste nacharbeiten. Ganz zum Schluss, wenn alles gut durchgetrocknet ist, die Kugeln mit Klarlack überstreichen.

Strohblumen-Kugel

Material:
- *1 Styroporkugel, ø 10 cm*
- *1 Bund Capblumen*
- *Bouillondraht, silber*
- *Heißkleber*

Blütenköpfe abschneiden und mit Heißkleber dicht an dicht auf die Kugel kleben. Zur besseren Festigkeit die Kugel mit stark auseinandergezogenem Bouillondraht umwickeln.

Schnecken, Schnecken, Schnecken

(Abbildung Seite 44)

Heuschnecke

Vorlagen auf Seite 102

Material:
- *Wiesenheu*
- *Pappe*
- *Golddraht*
- *Blumendraht*
- *2 Holzperlen, ø 1 cm*

Aus der Pappe schneiden Sie zwei Schablonen von 25 cm x 2,5 cm und 12 cm x 2,5 cm. Diese Schablonen bilden das Schneckengerüst, das dann mit Heu kaschiert wird.
Beide Pappstreifen eng mit Wiesenheu einfassen und mit Golddraht umwickeln. Beim kürzeren Streifen zusätzlich ein Ende zu einer kleinen Heukugel ausformen; diese bildet später den Schneckenkopf. Der längere Streifen wird nun spiralförmig zum Schneckenhaus zusammengerollt und mit Golddraht fixiert. Dann kann das Schneckenhaus mit Heißkleber an der Kriechsohle befestigt werden.
Die beiden Fühler bestehen aus je ca. 10 cm langem Blumendraht. Eine Holzperle auf den Draht bis zur Mitte schieben, dann den Draht zur Hälfte biegen und ineinander verdrehen. Anschließend die Drahtfühler in den Kopf stecken.

Stabschnecke

Material:
- *Wiesenheu*
- *Pappe*
- *Golddraht*
- *Blumendraht*
- *2 Holzperlen, ø 1 cm*
- *Rundholz, ø 8 mm, 40 cm lang*
- *Schleifenband, naturfarben, 2,5 cm breit, ca. 40 cm lang*
- *Brombeerpick*

Die Stabschnecke wird ähnlich wie die Heuschnecke gearbeitet. Bevor Sie die Schnecke zusammenkleben, stecken Sie zuerst etwas Blumendraht von unten durch die Sohle. Das Drahtende auf der Oberseite zur Seite biegen und mit Heißkleber ankleben. Das auf der Sohlenunterseite herausschauende Drahtende wickeln Sie fest um ein Ende des Rundholzes und fixieren es zusätzlich mit Heißkleber. Die Klebestelle verdecken Sie mit einer naturfarbenen Schleife. Als weitere Dekoration einen Brombeerpick unter das Schleifenband schieben und festkleben.

Terrakotta mit Blätterdruck

Material:
- *Tonblumentopf, ø 11 cm*
- *Terrakottateller, ø 20 cm*
- *Blätter von der Birke*
- *Bastelfarben, weiß, dunkelbraun, goldgelb und grün*
- *Rundborstenpinsel*
- *Patina*
- *Künstlerölfarbe (gebrannte Umbra)*
- *Klarlack*
- *Heuschnecke (siehe oben)*
- *Dschungelmoos, grün*
- *Getrocknete Blütenblätter vom Mais*
- *Hagebuttenpick*
- *Dekoblätter*

Den Topf und den Teller mit weißer Farbe grundieren. Eine leicht angeraut wirkende Oberfläche erhalten Sie, wenn Sie die Farbe mit einem dicken Rundborstenpinsel grob auftupfen. Dann wird das Schneckenmotiv mit einem Bleistift vorgezeichnet und mit Bastelfarben ausgemalt. Arbeiten Sie dabei mit einem gut gewässerten Pinsel. Die unterschiedlichen Schattierungen an der Kriechsohle und am Schneckenhaus erzielen Sie, wenn Sie dunkelbrauner Farbe etwas gelbe Farbe beimischen. Die Schneckenhauslinie mit einem feinen Pinsel aufzeichnen.

Die Birkenblätter werden auf der Rückseite mit Farbe eingestrichen und anschließend auf den Ton gedrückt. Zusätzlich legen Sie noch etwas Haushaltspapier auf, damit beim Drucken keine Farbe an Ihre Finger oder auf den Tontopf bzw. -teller gelangen kann. Nach dem Drucken das Schutzpapier und das Birkenblatt mit einer Pinzette abheben. Die Blattstiele malen Sie nachträglich mit einem Pinsel auf, auch die Blattmaserung können Sie zusätzlich noch etwas betonen. Jetzt lassen Sie den Ton noch etwas altern, indem Sie einen Überzug aus Patina und Künstlerölfarbe (gebrannte Umbra) aufbringen. Die Patina wird mit der Ölfarbe vermischt, auf ein Leinentuch gegeben und die Mischung aufgerieben. Von der Umbra reicht dabei eine kleine Menge! Nach dem Trocknen der Patina wird der Klarlack aufgetragen.

Nun kann der Tontopf beliebig dekoriert werden. Polstern Sie ihn mit Dschungelmoos aus und stecken Sie mehrere Hagebuttenpicks ein. In die Schneckensohle wird ein kurzer Draht eingesteckt, die Heuschnecke wird damit auf den getrockneten Maisblütenblättern platziert.

Dekorierte Rosenschale

Material:

- *Keramikschale*
- *Rosenblütenblätter*
- *Gefärbte Holzwolle*
- *Kleine Blütenköpfe von Astern*
- *Getrocknete Blätter*
- *Immortellenköpfe*
- *Fetthenne*
- *Farblich passende Blütenblätter*
- *Satinband, 6 mm breit*
- *2 Holzrundstäbe, ø 6 mm*
- *Goldperlen*
- *Golddraht*
- *Goldblüten*
- *Aparagus*
- *Buchsblätter*

Füllen Sie die Keramikschale mit den angeführten Materialien. Nachdem Sie die Holzrundstäbe mit dem Satinband umwickelt haben, werden sie auf die Keramikschale geklebt. Am Kreuzpunkt wird eine Schleife gebunden, deren Enden lang gelassen werden.

Die Goldperlen werden mit Golddraht aufgefädelt und über die Stäbe geschwungen. Hübsch sieht es aus, wenn Sie die Stäbe dann noch mit kleinen Goldblüten ausschmücken. Abschließend kleben Sie etwas Asparagus und kleine Buchsblätter dazu.

Material aus Wald und Flur

Kugeln mit Rinden und Bucheckerhülsen

Material:

- *1 Trockensteckkugel, ø 10 cm*
- *Bucheckerhülsen*
- *Rinde, grün schimmernd*
- *Golddraht, ø 0,4 mm*
- *Heißkleber*

Bucheckerhülsen und Rinde werden in Feldern auf der Kugel angeordnet. Die Bucheckerhülsen mit dem Stiel in die Trockensteckmasse drücken. Die Rinde in kleine Stücke brechen und schuppenweise mit dem Heißkleber aufkleben. Die Stücke werden sozusagen gestellt, damit keine unterschiedlichen Höhen entstehen. Um dem Ganzen etwas Glanz zu verleihen, wird die Kugel mit Golddraht umwickelt.

Kugeln mit Hülsen, Zapfen, Kernen und Rinde

Material:

- *1 Styroporkugel, ø 10 cm*
- *Metallicfarbe, goldfarben*
- *Klarlack, wasserlöslich*
- *Bucheckern, Erlenzapfen, Eichelhütchen*
- *Stark bemooste Rinde*
- *Heißkleber*

Grundieren Sie die Kugel mit Metallicfarbe. Die Eichelhütchen, Erlenzapfen und Bucheckern dicht an dicht mit Heißkleber in Gruppen auf die Kugel kleben, nur bei den zerkleinerten Rindenstückchen etwas Zwischenraum lassen wie bei einem Mosaik. Achtung: Heißkleber nur auf das Material und nicht auf die Styroporkugel auftragen, da die Kugel sonst schmilzt! Zum Schluss eine Schicht Klarlack aufbringen.

Ährenkugel mit Hanfkordel

Material:

- *1 Styroporkugel, ø 12 cm*
- *Ähren mit Grannen*
- *Hanfkordel, ø 3 mm*
- *Kupferdraht, ø 0,3 mm*
- *Klarlack, wasserlöslich*
- *Heißkleber*

Drei Ähren werden stufenweise aneinander gelegt und die Grannen mit dem Kupferdraht fest umwickelt. Heißkleber auf die Ährenrückseite auftragen und diese dann auf die Kugel kleben. Die Hanfkordel beidseitig an den Ährenbündeln vorbeiführen. Den Heißkleber nur auf die Kordel auftragen. Auf diese Weise die ganze Kugel bestücken.
Abschließend wird die Kugel mit Klarlack überstrichen.

Mit frischen Efeublättern

Material:

- *1 Styroporkugel, ø 10 cm*
- *Mattfarbe, dunkelgrün*
- *Klarlack, wasserlöslich*
- *Relief- oder Plusterfarbe, rot*
- *Golddraht, ø 0,4 mm*
- *Kleine Stecknadeln*
- *Efeublätter, frisch gepflückt*

Kugel mit Mattfarbe grundieren. Die Efeublätter paarweise mit den Stielen gegeneinander auf die Kugel legen und mit Stecknadeln befestigen (siehe Foto). Ist die Kugel ganz bedeckt, werden die Stiele einzeln mit Golddraht umwickelt. Ein willkommener Farbtupfer sind die roten Tropfen auf der Kugel. Nach Abtrocknen der roten Farbe alles mit Klarlack überziehen.

Igel und Quasten

Igel aus Heu

Material:
- *Heu*
- *Golddraht*
- *2 Glas-Tieraugen, ø 0,5 cm*
- *1 Tierschnauze, 1,5 cm groß*
- *Zahnstocher*
- *Schwarzer Filzstift*

Den Igel aus Heu formen und binden. Er soll 20 cm lang und 22 cm dick werden.
Die Schnauze muss etwas herausgezogen werden.
Dann als Stacheln Zahnstocher in den Rumpf des Igels kleben. Die Spitzen dieser Zahnstocher mit einem Filzstift schwärzen. Zuletzt Augen und Schnauze aufkleben.

Sisalquasten mit Apfelsinen

Material pro Quaste:
- *Sisalkordel, hell, 17 m lang*
- *Sisalkordel, dunkel, 50 cm lang*
- *1 getrocknete Apfelsine, 6 cm groß*
- *1 Holzscheibe, ø 3 cm*
- *Leim*
- *Pappe*

Aus Pappe eine 20 cm x 20 cm große Schablone anfertigen, um die 40-mal die helle Kordel gewickelt wird.

1 m Sisalkordel brauchen Sie zum Dazwischenlegen und Zusammenbinden. Dann die Schablone entfernen und das andere Ende der Quaste aufschneiden.
Mit dem halben Meter dunkler Kordel umwickeln Sie nun die Quaste im oberen Bereich. Zusätzlich mit Leim fixieren.
Über das Kordelstück zum Zusammenbinden ziehen Sie die Holzscheibe und die Apfelsine.
Zuletzt werden die Sisalkordeln der Quaste unten auseinandergedreht und zurechtgezupft.

Duft-Fensterbild

Vorlagen auf Seite 103

Material:
- *Wellpappe, weiß*
- *Folie*
- *Jutefaden (zum Aufhängen), 50 cm lang*
- *Band, gelb-weiß kariert, 4 cm breit, 60 cm lang*
- *Etwas Naturbast*
- *Getrocknete Rosenblüten, gelb*
- *Klebstoff*

Das Fensterbild aus Wellpappe ausschneiden. Hinter die Pappe wird dann Folie geklebt und zwar hinter die ausgeschnittenen Herzen.
Dann die Pappe nach hinten umknicken und an der Nahtstelle festkleben. Nun die Unterkante zukleben. Die Oberseite offen lassen, denn dort werden die Rosenblüten hineingestreut.
Danach kann das Fensterbild auch im oberen Teil zusammengeklebt werden. Vergessen Sie aber nicht, den Faden zum Aufhängen mit einzukleben.
Zuletzt die Schleife mit Bast zusammenraffen und festbinden. Dann wird sie an der unteren Kante des Fensterbildes befestigt.

Herzdosen mit Gewürzen und Früchten

(Abbildung Seite 50)

Material für alle Dosen:
- *1 Satz Pappschachteln in Herzform*

Kleine Dose (oben)

Material:
- *1 vorgestanztes Herz aus goldener Wellpappe*
- *Borte, goldfarben, 1 cm breit, 30 cm lang*
- *Sisalkordel, natur-goldfarben, 30 cm lang*
- *Getrocknete Apfelscheibe, Sternanis, Zimtstangen, Lorbeerblätter*

Als erstes wird das Herz auf den Deckel der Dose geklebt, dann befestigen Sie die goldene Borte um den Deckelrand herum. Sie können das Herz auch aus Wellpappe ausschneiden. Legen Sie den Dosendeckel dazu auf die glatte Rückseite der Wellpappe, umfahren Sie die Form und schneiden Sie das Herz aus.
Die Kordel wird am Rand entlang fixiert.
Dann die Blätter und Gewürze als Zierde befestigen.

Große Dose (Mitte)

Material:
- *Borte, natur-goldfarben, 1,5 cm breit, 70 cm lang*
- *Papierkordel, 50 cm lang*
- *Grobes Juteband, 12 cm breit, 10 cm lang*
- *Wacholderbeeren, Ingwer, Lorbeerblatt, 2 Nelken, getrocknete Orangenscheibe*

Zuerst die Borte an der Unterkante des Dosendeckels befestigen, die Kordel wird an der Deckelkante entlang festgeklebt.
Das grobe Juteband befestigen Sie in der Mitte des Deckels.
Dann verzieren Sie den Deckel mit Gewürzen und dem Rest der Borte.

Mittlere Dose (unten)

Material:
- *Borte, goldfarben, 1 cm breit, 40 cm lang*
- *Kordel, weiß-goldfarben, 100 cm lang*
- *Streifen aus Wellpappe, goldfarben, 2,5 cm breit, 33 cm lang*
- *1 kleiner, vorgestanzter Stern aus Wellpappe, goldfarben*
- *Sisalband, grün-goldfarben, 6 cm x 5 cm*
- *Sternanis, Limonenscheibe, Nelken*

Um die Schachtel herum kleben Sie den Wellpappestreifen, über diesen Streifen die weiß-goldene Sisalkordel.

Dann wird die goldene Borte an dem Deckelrand entlanggeführt und befestigt. An die Außenkante des Deckels kleben Sie den Kordelrest. Die Enden werden verknotet, damit die Kordel sich nicht aufdreht.
Nun wird die Dose verziert. Dazu zuerst das kleine Stück Sisalband in die Mitte des Deckels setzen, dann den Stern und die Gewürze befestigen.

Ziergirlande und Zwiebeltopf

Zwiebeltopf

Material:

- *Blumentopf, Terrakotta*
- *Steckschwamm*
- *Moos*
- *Rote Zwiebeln*
- *Zahnstocher*
- *Naturbast*
- *Juteband, 10 cm breit, 50 cm lang*

Kleben Sie den Steckschwamm in den Blumentopf. Dann bestecken Sie den Schwamm mit Moos.
In die roten Zwiebeln stecken Sie Zahnstocher, die Sie gegebenenfalls mit Klebstoff fixieren. Dann werden die Zwiebeln in den Steckschwamm gesteckt. Achten Sie darauf, dass die Zwiebeln in runder Anordnung platziert werden.

Zuletzt binden Sie aus Juteband und Bast eine Schleife und setzen diese vor dem Zwiebelgesteck in den Topf.

Ziergirlande aus Blättern

Material:

- *Draht*
- *Getrocknete Lorbeerblätter*
- *3 Holzkugeln, ø 4 cm*
- *3 Walnüsse*
- *Sisal (zum Aufhängen), 30 cm lang*
- *Juteschnur, hell, ø 2,5 cm, 5 m lang*
- *1 Holzkugel, ø 3 cm*
- *Leim*
- *1 getrocknete Limonenscheibe*
- *Pappschablone, 8 cm x 8 cm*

Zuerst fertigen Sie die Quaste an. Dazu werden 3,2 m Jute 20-mal um die Schablone (vgl. Seite 48) gewickelt. Zum Einlegen und Zusammenbinden der Quasten brauchen Sie 0,5 m Jute. Nachdem die Schablone umwickelt ist, entfernen Sie die Pappe und schneiden die Juteenden auseinander.

Ziehen Sie die Limonenscheibe über den Jutefaden zum Aufhängen, danach wird die Holzkugel mit Jute beklebt und über die Limonenscheibe gesteckt.

Nun das Ende oberhalb der Kugel verknoten. Mit der restlichen Jute wird unterhalb der Limonenscheibe noch die Quaste umwickelt. Bei der nun fertigen Quaste werden die Jutefäden auseinander gedreht.

Als nächstes ziehen Sie die Girlande auf, und zwar immer mehrere Blätter, dann eine Walnuß, wieder Blätter, dann eine Holzkugel usw. An dem einen Ende der Girlande wird mit Draht die Quaste befestigt, am anderen der Sisalstrang zum Aufhängen.

Herbstgarten

Material:

- *Steckbogen, 38 cm*
- *Rebenspirale*
- *Vogelscheuche, ca. 15 cm hoch*
- *2 Zweige Kapuzinerkresse, orange*
- *2 Blumenzwiebeln*
- *2 Sonnenblumenpicks*
- *Je ein Kürbis, orange, grün, ø 6 cm*
- *Strohballen, 4 cm x 7 cm*
- *Holztor, 10 cm x 14 cm*
- *Papierdrachen*
- *Hafer, Weizen*
- *Wiesenheu*
- *Naturbast*
- *Juteband, dunkelgrün, 8 cm breit, 20 cm lang*
- *Cannastäbe, grün*

Die Rebenspirale wird bis auf ein nestähnliches Ende auseinandergezogen und am vorderen Teil des Steckbogens angedrahtet. Stechen Sie in den hinteren Teil links die Weizenhalme und Cannastäbe, in die Mitte den Drachen und das Holztor sowie rechts die Haferhalme ein. Vor dem Holztor das grüne Juteband drapieren.

Die Blüten und Blumenzwiebeln werden ebenfalls eingesteckt und die weiteren Teile wie Kürbisse, Vogelscheuche, Heubündel und Strohballen angeklebt. Zum Schluss mehrere Baststränge bündeln und drapieren.

Spätsommerstrauß

Material:

- *Kleinblütige Sonnenblumen*
- *Bergdistel*
- *Hypericum*
- *Bubleurum*
- *Lampionblume*
- *Fruchtstände von Heckenrosen (Hagebutten)*
- *Eukalyptus*
- *Chicco*
- *Efeu*
- *Gerberablätter (können nicht getrocknet werden)*
- *Naturbast*
- *Pitosforino*

Den Mittelpunkt des Straußes bilden Sie mit einer Sonnenblume und einer Distel. Danach legen Sie abwechselnd Beiwerk und Blüten um den Mittelpunkt an. Es ist darauf zu achten, dass die Stiele spiralförmig angeordnet werden.
So bekommt der Strauß besseren Halt und eine schöne Form. Den Abschluss bilden Gerberablätter und Asparagus.
Den Naturbast an den Enden andrahten, locker und kreisförmig über den Strauß legen und die Drähte in die Bindestelle einfügen. Zuletzt wird der Strauß zusammengebunden und auf Vasenlänge gekürzt. Zum Trocknen entfernen Sie die Gerberablätter. Lassen Sie den Strauß in der Vase stehen und füllen Sie kein Wasser mehr nach, dann trocknet er langsam ein. Wenn er trocken ist, besprühen Sie ihn mit Klarlack.

Herbstlicher Kerzenständer

Material:

- *Metallkerzenständer, 55 cm hoch*
- *Kugelkerze, ø 10 cm*
- *Steckschaum*
- *Hopfenrebenzweige*
- *Jutegewebe*
- *Dekoäpfel*
- *Kokosfaser*
- *Dekoband „Bauernhof"*
- *Holzbündel*
- *Kürbis*
- *Sonnenblumenblüten und -blütenstand*
- *Efeuranke*
- *Beerenzweig, schwarz*
- *Weizenstiele*
- *Bast*
- *Mohnkolben*
- *Metallkuh, gold*
- *Metallsonne, gold*
- *Schneckenhaus*
- *Traube*
- *Thujafrucht*
- *Pfefferbeeren, rot*
- *Erikamoos, grün*
- *Dschungelmoos*
- *Golddraht*
- *Asparagus*

Schlingen Sie die Hopfenrebenzweige zwischen den Metallstäben des Kerzenständers durch. Unten auf der Metallplatte befestigen Sie ein Stück Steckschaum. In diesen stecken Sie den Trockenstand einer Sonnenblume und darauf kleben Sie ein Stück Dekoband. Um den Trockenstand herum befestigen Sie Holzbündel, Dekoapfel, Erikamoos, Kokosfaser, Kürbis, rote Pfefferbeeren und ein Bündel von Weizenstielen. Darauf kleben Sie eine Sonnenblume.

Auf den Hopfenrebenzweigen fixieren Sie einen Efeuzweig, einen Beerenzweig, Dschungelmoos, mit Bast gebündelten Weizen, Traube, Dekoapfel, Sonnenblumen, Schneckenhaus, Thujafrucht, Pfefferbeeren, Mohnkolben, Metallkuh, Metallsonne, ein Stück Jute, darauf ein Stück Dekoband. Beachten Sie, dass das Gesteck von unten nach oben leichter und filigraner wird.

An einem langen Stück Golddraht befestigen Sie Zweige des Asparagus und schlingen den Draht von oben nach unten über die Hopfenrebenzweige.

Wandschmuck mit Kastanien

Material:

- *2 Kastanien*
- *Juteband, goldgelb, 3,5 cm breit, ca. 50 cm lang*
- *Satinband, gelb und zimt*
- *Holzperlen (Walzen, Linsen, Rädchen, Würfel), gelb und braun*
- *Dschungelmoos, grün*
- *Handbohrer*

Naturmaterialien wie Kastanien und Moos, kombiniert mit Bändern und Perlen in herbstlichen Farben, sind Bestandteile dieser kleinen Dekoration für die Wand. Die Anfertigung ist ganz einfach und geht schnell.

Zuerst formen Sie aus dem Jutegewebe eine große Doppelschleife (Tuff). Die Schleifenmitte umbinden Sie mit gelbem und zimtfarbenem Satinband, die Bandenden lassen Sie lang herunterhängen. Dann werden die Kastanien der Länge nach durchbohrt und auf die Bänder gezogen. Eine angeknotete Holzperle verhindert, dass die Kastanien wieder abrutschen. Die restlichen Bänder verzieren Sie mit Holzperlen in verschiedenen Formen. Aus dem Dschungelmoos kleine Bündel arbeiten und ebenfalls anknoten. Zuletzt können Sie noch Schleifen aus Satinband auf den Tuff setzen oder oberhalb der Kastanien anknoten.

Teddy-Vogelscheuche

Teddy

Vorlagen auf Seite 103

Material:

- *Heu*
- *Grüner Wickeldraht*
- *Pappe*
- *2 Glas-Tieraugen, ø 1 cm*
- *1 Tierschnauze, ø 2 cm*
- *Naturbast*
- *Rundstab, 30 cm lang*
- *Tontopf, ø 15 cm*
- *Herbstblätter*
- *2 Sonnenblumenblüten am Stängel*
- *Holzleiter, 30 cm hoch*
- *3 Juteflicken, naturfarben, 4 cm x 4 cm groß*
- *2 Jutestücke, blau, 11 cm breit, 60 cm lang*

Schneiden Sie den Kopf aus Pappe aus. Dann fertigen Sie einen Heustecker an (Seite 6).

Dazu wird die aus Pappe angefertigte Schablone beidseitig mit Heu beklebt. Auch der Rundstab wird auf einer Seite der Schablone festgeklebt. Das Heu sollte so dicht sein, dass kaum noch Pappe durchscheint. Das an den Rändern überstehende Heu wird mit einer Schere abgeschnitten. Falls jetzt noch Pappstellen durchscheinen, werden diese Stellen mit Heu umwickelt und so ausgebessert. Zuletzt umwickeln Sie das Heu auf dem Teddykopf mit grünem Wickeldraht.

Auf den fertigen Kopfstecker kleben

Sie das Gesicht. Aus Heu binden Sie einen 30 cm langen, dickeren Strang für die Arme des Teddies. An den Enden wird der Strang nicht mit Draht umwickelt. Anschließend stecken Sie den Rundstab durch die Mitte des Heustrangs und binden diesen am Stab fest. Die zwei blauen Jutestücke werden von hinten nach vorne über Kreuz über die Arme gelegt und in der Mitte mit Naturbast am Stab festgebunden. Jetzt können die Juteflicken aufgeklebt werden. Stellen Sie den Tontopf auf den Kopf und befestigen Sie die Sonnenblumen und den Teddystecker im Loch des Topfes. Der Topfrand wird an der Unterkante mit Herbstblättern verziert. Die Leiter kleben Sie am Arm und am Topf fest.

Holzbündel mit Sonnenblumen

Material:

- *Holzbündel, 30 cm lang*
- *Große Sonnenblume*
- *Maiskolben*
- *Efeuranke, 25 cm lang*
- *Juteband, 11 cm breit, 50 cm lang*

Drahten Sie das Juteband zu einer Schleife zusammen und kleben Sie diese in die Mitte des Holzbündels. Teilen Sie dann die Efeuranke und befestigen Sie je ein Stück des Efeus zu jeder Seite hin. Anschließend kleben Sie das Sonnenblumenblatt neben die Schleife und die Blüte in die Schleifenmitte. Der Maiskolben wird neben der Blüte befestigt.

Herbstliche Obstkette

Vorlagen auf Seite 104

Material:

- *Wiesenheu*
- *Pappe*
- *Golddraht*
- *Jute, dunkelblau und dunkelbraun*
- *Tapetenkleister*
- *Zweigstücke*
- *Satinband, dunkelblau*

Die Grundformen von Birne und Apfel werden zunächst als Pappschablonen gearbeitet. Dann kleben Sie auf die Schablonen je ein kurzes Zweigstück als Obststiel an, dabei steht der Stiel einige Zentimeter über den Papprand heraus. Anschließend legen Sie das Wiesenheu großzügig um die Schablonen und umwickeln alles eng und fest mit Golddraht. Überstehende Heufasern können Sie mit einer Schere stutzen.
Aus brauner Jute (3 cm x 3 cm) kleine Kugeln formen und unten an den Früchten fixieren. Die Blätter werden aus blauer Jute ausgeschnitten. Für die Blätter wäre die Jute zu labil, das Gewebe muss daher vorher mit Tapetenkleister eingestrichen und so verstärkt werden. Platzieren Sie jeweils zwei Blätter am Birnen- bzw. Apfelstiel.
Zuletzt blaues Satinband am Fruchtstiel anknoten und Birne und Äpfel zu einer Obstkette übereinander anordnen.

Ein Drachen schwebt in der Luft

Material:
- *Heu*
- *Sisaldraht, 90 cm lang*
- *Golddraht*
- *Schleifenband, hellblau, 1 cm breit, ca. 4 m lang; dunkelblau, 3 mm breit, ca. 2 m lang*

Die Grundform des Drachens besteht aus mit Heu umwickeltem Sisaldraht. Biegen Sie den Sisaldraht mithilfe einer Zange in die trapezförmige Drachenform, wobei die unteren beiden Schenkel 25 cm lang und die oberen 20 cm lang sind. Die Drahtenden werden mit Golddraht fest zusammengebunden.
Anschließend das Heu um den Sisaldraht wickeln, bis die gesamte Form vollständig bedeckt ist. Das Heu mit Golddraht fixieren.
Nun sieben Heubündel von je ca. 15 cm Länge formen und in der Mitte mit Draht abbinden. Drei dieser Heubündel werden als Kopfschleifen am Drachen befestigt. Die Bündel zuerst mit Draht festbinden, danach als Dekoration blaue Schleifen anknoten. Für die hellblauen Schleifen benötigen Sie je Schleife ca. 1 m Band, für die dunkelblauen reichen Zuschnitte von 60 cm Länge. Zuerst das schmale Schleifenband anbinden, darauf die Schleifen aus dem breiteren Band setzen.
Zuletzt fertigen Sie aus ca. 1 m langem, hellblauem Schleifenband den Drachenschwanz, an dem die restlichen vier Heubündel in gleichmäßigen Abständen angeknotet werden. Eine Heutroddel bildet das Schwanzende. Die Troddel erhalten Sie, indem Sie ein weiteres Heubündel formen und zur Hälfte legen. Das Bündel abbinden und am Bandende befestigen. Als Zierde werden noch hellblaue und dunkelblaue Bänder an die Troddel geknotet. Die Bandenden lassen Sie lang herunterhängen; aus dem hellblauen Band binden Sie zusätzlich eine Schleife. Jetzt muss nur noch das dunkelblaue Aufhängeband an der Drachenspitze angebracht und ein geeignetes Plätzchen für den Heudrachen gesucht werden

Heudrachen

Vorlagen auf Seite 108

Material:
- *Pappe*
- *Heu*
- *Golddraht*
- *2 Wackelaugen, ø 2 cm*
- *Holzherz als Nase, rot, ø 2 cm*
- *Kordel (für den Mund), rot, 10 cm lang*
- *Bast (für den Schwanz), grün, 70 cm lang*
- *Naturbast (zum Aufhängen)*
- *Transparentpapier, rot, blau, grün und gelb*

Schneiden Sie den Drachen nach der Vorlage aus Pappe zu.
Befestigen Sie den Naturbast zum Aufhängen an der Pappe. Dann wird diese beidseitig mit Heu beklebt und zwar so, dass kaum noch Pappe durchscheint.

Das an den Rändern überstehende Heu wird mit einer Schere abgeschnitten. Falls jetzt noch Pappstellen durchscheinen, werden diese Stellen mit Heu und Golddraht umwickelt.
Kleben Sie nun das Gesicht auf. Damit die Kordel sich nicht auflöst, binden Sie an jedes Kordelende einen Knoten. Befestigen Sie nun den grünen Bastschwanz und binden Sie kleine Schleifchen an die Ecken des Drachens und an den Schwanz. Dazu schneiden Sie aus Transparentpapier 10 cm x 6 cm große Rechtecke aus.

Blätter aus Windowcolor

Vorlagen auf Seite 99

Material:
- *Folie aus PE*
- *Bleikontur, schwarz*
- *Windowcolor in den Farben: Kakaobraun, Rubinrot, Grasgrün, Smaragdgrün*
- *Zahnstocher*

Übertragen Sie die Blattform mit schwarzer Bleikontur auf die Folie. Lassen Sie die Konturenfarbe gut trocknen. Anschließend malen Sie die Blätter mit Windowcolor aus. Verteilen Sie die unterschiedlichen Farben in den Blättern. Alle Farben werden dann mit einem Zahnstocher ineinandergezogen, damit sie sich vermischen und der Effekt von Herbstlaub erzielt wird. Nach dem Trocknen haften die Blätter auf Glas oder allen glatten Flächen.

Collagenbild aus gesammelten Materialien

Material:

- Getrocknete Blätter, Gräser und Blumen
- Äste
- Steine
- Bemalte Steine
- Moos
- Bastelfarbe
- Pinsel
- Alleskleber oder Heißklebepistole
- Rahmen

Aus gepressten Blättern und verschiedenen Gräsern usw. lassen sich schöne Bilder gestalten. Wenn Sie fertige Bilderrahmen verwenden, müssen Sie die Glasscheibe herausnehmen und die verschiedenen Materialien auf die Innenseite der Rahmenrückwand kleben. Sie können diese vorher passend bemalen, beispielsweise mit einem blauen Himmel.

Apfelkranz

Material:
- *Metallring, ø 20 cm*
- *Buchs*
- *Heu*
- *Äpfel, künstlich, verschieden groß*
- *Apfelscheiben, getrocknet*
- *Baumrinde*
- *Jutekordel, natur*

Schneiden Sie den Buchs in 12 cm lange Stücke. Binden Sie ihn zusammen mit Heu über den Metallring.
Hängen Sie den Kranz an der Jutekordel auf. Kleben Sie zwischen das Heu und den Buchs Äpfel, Apfelscheiben und Baumrinde.

Strohpuppe und Ährenstrauß

Strohpuppe

Material:
- *2 Bund Naturbast*
- *Naturstoff, 12 cm x 12 cm*
- *1 Holzkugel, ø 4 cm*
- *Strohhut, ø 7 cm*
- *Leim*
- *Pappschablone, 30 cm x 30 cm*

Ein 0,5 m langes Baststück abschneiden. Den restlichen Bast wie bei den Quasten (Seite 48) über die Schablone binden, das vorher abgeschnittene Stück zum Abbinden einlegen.

Nachdem der Bast vollständig um die Schablone gewickelt ist, wird die eine Seite mit dem eingelegten Baststück zusammengeknotet. Die andere Seite wird nach dem Entfernen der Schablone durchgeschnitten.

Dann wird für die Arme etwas Bast abgeteilt und erneut zusammengebunden.

Die Arme werden auf 15 cm Länge je Arm geschnitten.

Nun die Holzkugel über den Bastfaden, der zum Aufhängen der Puppe dient, ziehen und festknoten.

Den Stoff in der Mitte etwas einschneiden und über die Holzkugel ziehen.

Dann den Stoff mit Leim am Bast festkleben.

Für die Halskrause 20 Stücke 10 cm langen Bast um die Holzkugel knoten. Zuletzt den Hut über den Bastfaden ziehen und auf der Kugel festkleben.

Ährenstrauß

Material:

- *1 Bund Weizen*
- *1 Bund Lavendel*
- *Wickeldraht*
- *Papierschleife, blau, 1 m lang*

Den Lavendel unter der Blüte zusammenbinden. Dann den Weizen vorsichtig um den Lavendel binden. Achten Sie darauf, dass der Lavendel nicht abbricht.
Danach das Papierband um die Stiele zu einer Schleife binden.
Zuletzt werden aus der Mitte des Straußes von unten her einige Stiele kürzer geschnitten. So steht der Strauß besser.

Heuschnecken und Vogelscheuche

Heuschnecken mit blauer Schleife

Material große Schnecke:

- *1/2 Styroporei, 16 cm groß*
- *Heu*
- *Wickeldraht*
- *2 Glas-Tieraugen, ø 5 mm*
- *Jutestück, blau, 12 cm x 10 cm*

- *Bast, blau, 20 cm lang*
- *2 Stieldrahtstücke, 10 cm lang*
- *Kreppwickelband, braun*

Material kleine Schnecke:
- *1/2 Styroporei, 10 cm groß*
- *Heu*
- *Wickeldraht*
- *2 Glas-Tieraugen, ø 5 mm*
- *Jutestück, blau, 8 cm x 4 cm*
- *Bast, blau, 20 cm*
- *2 Stieldrahtstücke, 6 cm lang*
- *Kreppwickelband, braun*

Als erstes umwickeln Sie jeweils das halbe Ei mit Heu. Nach hinten lassen Sie einen kleinen Schwanz stehen (ca. 5 cm lang).
Für die Schneckenhäuser werden Stränge aus Heu gebunden. Für die große Schnecke muss der Strang 1 m lang und 3 cm dick werden. Für die kleine Schnecke wird er nur 0,5 m lang und 1,5 cm dick. Diese Stränge rollen Sie anschließend von einer Seite auf und binden die Enden fest.
Die fertigen Schneckenhäuser werden nun auf den Rücken der Schnecken geklebt. Den Ansatz verdecken Sie, indem Sie erneut Heu an die Ansatzstellen binden.
Für Köpfe und Hälse binden Sie einmal einen Strang von 20 cm Länge und 3 cm Dicke. Dieser Strang sollte zum Kopf hin etwas dicker werden. Der Strang für die kleine Schnecke wird 16 cm lang und 2 cm dick.
Auch diese Stränge kleben Sie nun an. Den Ansatz umbinden Sie ebenfalls wieder mit etwas Heu.

Die kurzen Stieldrähte werden mit Kreppwickelband umwickelt. Biegen Sie jeden Draht doppelt und verdrehen Sie ihn.
Anschließend befestigen Sie die Fühler und Augen am Kopf.
Eine Juteschleife wird zur Dekoration mit Bast um den Schneckenhals gebunden.

Stecker „Vogelscheuche“

(Abbildung Seite 63)

Material
- *Heu*
- *Pappe*
- *Wickeldraht*
- *Naturbast*
- *Wellpappe, blau und naturfarben*
- *Juteband, grün, 10 cm breit, 1 m lang*
- *2 Wackelaugen, ø 1,5 cm*
- *Rundstab*

Vorlagen auf Seite 101

Schneiden Sie aus Pappe einen Kreis mit dem Durchmesser 10 cm aus. Dieser Kreis wird mit Heu umwickelt. Dann binden Sie einen 20 cm und einen 30 cm langen Heustrang, beide 3 cm dick.
Aus diesen Heusträngen formen Sie Arme und Beine. Die Enden dieser Stränge umwickeln Sie nicht mit Draht, so entsteht der struppige Effekt. Schneiden Sie nun das Juteband in der Mitte durch. Den mit Heu umwickelten Kreis befestigen Sie als Kopf am Rundstab. Legen Sie die Heustränge, Arme und Beine, an den Stab. Die Arme binden Sie waagerecht am Stab fest (es ist der kürzere Strang). Dann biegen Sie den Strang für die Beine in der Mitte und binden ihn am Stab fest. Die beiden doppelt gelegten Bandstücke werden der Vogelscheuche über Kreuz um die Schultern gelegt. Die Enden der Beine schauen unter den Jutehosenbeinen hervor.
Um die Taille der Vogelscheuche und um die Beine binden Sie Bastschleifen.
Dann schneiden Sie einige Baststücke für die Augenbrauen zurecht. Sie sollen 2 cm lang sein. In der Mitte knoten Sie sie mit Bast zusammen. Schneiden Sie nun Hut, Nase und Mund aus Wellpappe aus. Dann kleben Sie das Gesicht auf den Kopf. Den Hut verzieren Sie noch mit Bast.

Vogelscheuche für die Tür

Material:
- *Holz-Kleiderbügel*
- *Feine Jute, natur, 60 cm x 60 cm*
- *Grobe Jute, natur, 60 cm x 100 cm*
- *Jutekordel, ø 10 mm, 120 cm lang*
- *Jutereste, rot*
- *Kapuzinerkressezweige, orange, hellorange*
- *Gerste, Weizen, Wiesenheu*
- *Baumrindenvogel im Nest, ø 6 cm*
- *Mini-Strohballen*
- *Dekoband mit Kürbissen und Vogelscheuchen*
- *Alter Filzhut*
- *Stoffmalfarbe, schwarz*

Bei dieser Vogelscheuche dient ein Holzkleiderbügel als Grundträger. Drahten Sie an die Bügelenden Heu als Hände an und legen Sie das grobe Jutekleid an.
Den Kopf aus feiner Jute und Heu formen, Mund und Augen aufmalen. Die Nase besteht aus einem Dreieck aus roter Jute. Den Hals mit dem Bügel verdrahten.
Mit Hilfe der Klebepistole wird ein Blütenarrangement aus je einem Bündel Gerste und Weizen, Kapuzinerkresse und Wiesenheu aufgeklebt. Mini-Strohballen, Vögelchen und Heubündel ergänzen das Ensemble.
Binden Sie der Vogelscheuche als Gürtel eine 120 cm lange Jutekordel um und setzen Sie ihr den Filzhut mit Dekoschleife auf.

Strohkugel

Material:
- Stroh
- Golddraht
- Blumentopf
- Steckschwamm
- 2 Bund getrocknete Sonnenblumen

Aus Stroh binden Sie eine Kugel von ca. 12 cm Durchmesser.
Diese Kugel wird dann in einem Topf befestigt, in den der Steckschwamm geklebt wurde.
Die getrockneten Sonnenblumen werden um die Kugel herum in den Schwamm gesteckt.

Kastanienmarionette

Vorlagen auf Seite 100

Material:
- Kastanien
- Styroporei, 9 cm groß
- Jutegewebe, fein, blau
- 7 Holzperlen, ø 6 mm
- Bastelfarben, ocker, weiß und schwarz
- Klarlack
- Schaschlikstäbchen
- Perlonfaden, mindestens 0,3 mm stark
- 2 Vierkantleisten, 1,8 cm x 1,2 cm, je 22 cm lang
- 2 Holzschrauben, 1 Ringschraube
- Schleifenband, kariert, 1 cm breit, 30 cm lang
- Handbohrer

Zu Beginn wird der Kopf des Marionettenmännchens gestaltet. Dazu grundieren Sie das Styroporei mit ockerfarbener Bastelfarbe und malen frei Hand den Mund und die Augen auf. Nach dem Trocknen der Farbe kann der Kopf lackiert werden. Als Nase befestigen Sie eine kleine Kastanie. Dazu in die Kastanie ein Loch stechen, ein kurzes Stäbchen (Schaschlikstäbchen) einkleben und die Nase im Styroporkopf feststecken.

Dann wird die Grundform des Hütchens einmal aus dem Jutegewebe ausgeschnitten und zu einem spitzen Kegel zusammengeklebt. Der untere Hutrand wird etwas gedehnt bzw. auseinandergezogen. An der Kante ziehen Sie einige Fäden heraus, sodass das Hütchen leicht ausgefranst wirkt. Danach fixieren Sie den Spitzhut leicht schräg auf dem Kopf.

Für den Körper des Kastanienmännchens benötigen Sie 23 Kastanien unterschiedlicher Größe; die Früchte, aus denen Arme und Beine bestehen, sollten zum Körper hin etwas kleiner werden. Zwei besonders große, dafür aber flache Kastanien bilden die Füße.

Zuerst werden die Kastanien durchgebohrt, damit der Perlonfaden hindurchgezogen werden kann. Schneiden Sie dann für jedes Bein einen Faden von 90 cm und für jeden Arm einen Faden von 75 cm Länge zu. Jeweils an einem Fadenende wird eine kleine Holzperle angeknotet. Dann werden die je sechs Bein- und die vier Armkastanien auf die entsprechenden Perlonschnüre gezogen; die angeknoteten Perlen verhindern ein Abrutschen der Kastanien. Nehmen Sie nun die beiden Beine und führen Sie deren Fadenenden durch die drei großen Kastanien, die den Oberkörper darstellen. Die Arme bzw. die Armfäden werden nur durch die oberste, die „Halskastanie", gefädelt. Zuletzt die vier Fäden zusammenfassen und mithilfe einer Nadel durch den Kopf und das Hütchen ziehen.

Als letztes wird das Führungskreuz der Marionette gearbeitet. Die beiden Vierkantleisten schrauben Sie mit zwei Holzschrauben kreuzförmig übereinander. Aus der Skizze können Sie erkennen, an welchen Positionen Sie die Bohrlöcher anbringen müssen. Punkt Nr. 4 wird nicht durchgebohrt; hier wird von unten eine Ringschraube eingedreht.

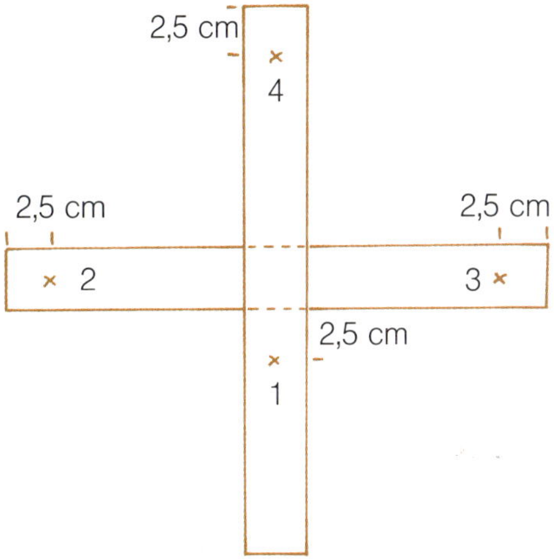

Dann kann das Kastanienmännchen mit dem Führungskreuz verbunden werden. Durch Punkt 1 ziehen Sie die vier einzelnen Fäden des Kopfbandes und sichern es oberhalb des Vierkantstabes mit einer Holzperle. Für die Beinführung schneiden Sie zwei Perlonfäden von je 60 cm Länge zu. Jeweils ein Fadenende in „Kniehöhe" anknoten, die anderen Enden durch Punkt 2 bzw. 3 fädeln und ebenfalls mit Holzperlen fixieren. Durch die Ringschraube ziehen Sie einen 110 cm langen Perlonfaden und knoten die beiden Enden an den Holzperlen der Arme fest. Bevor sich das Kastanienmännchen nun zu seinem ersten Spaziergang aufmacht, binden Sie ihm noch eine karierte Schleife um den Hals.

Kartengrüße

Material:

- Wellpappe, naturfarben
- Gepreßte Blätter
- Bast
- Hobelspäne
- Messer oder Cutter mit einer geeigneten Schneideunterlage
- Bleistift
- Transparentpapier
- Schere
- Lochzange
- Alleskleber

Für jede Karte wird ein Stück Wellpappe (10,5 cm x 15 cm) entsprechend der Vorlage zugeschnitten und in der Mitte gefaltet.
Nun können Sie die Karten mit den verschiedenen Materialien bekleben. Um den Bast am Rande der Karte entlang ziehen zu können, bringen Sie mit einer Lochzange Löcher an und zwar in jeder Ecke zwei Löcher.

Wagen & Schiffe aus Kastanienschalen

Material:

- *Kastanienschalen*
- *Korken*
- *Zahnstocher*
- *Papier*
- *Schere*
- *Messer oder Cutter mit geeigneter Schneideunterlage*
- *Eventuell Schaschlikspieß aus Metall*

Ganz leicht kann man aus den Schalen der Kastanien mit wenigen Zutaten ein Schiff, einen Puppenwagen oder ein kleines Auto basteln. Dafür werden nur ein wenig Fantasie und die oben genannten Dinge benötigt. Schneiden Sie die Korken für die Räder in Scheiben und stechen Sie Löcher für die Achsen des Puppenwagens und des Autos vor.

Dann brauchen Sie nur noch die Masten aus Zahnstochern in die Kastanienschalen zu stecken und die Segel aus Papier darauf zu schieben. Schon ist das Segelschiff fertig!

Für den Puppenwagen benötigen Sie drei Zahnstocher und zwei Kastanienschalen. Diese werden mit einem Zahnstocher zusammengesteckt. Bevor das Verdeck befestigt wird, sollten die Zahnstocherachsen mit den Korkenrädern angebracht werden.

Vorlagen auf Seite 102

Herbstgesteck mit Kürbis

Material:
- *Tontopf*
- *Steckschaum für Frischblumen*
- *Kürbis mit Stiel*
- *Hojablatt*
- *Ziergräser (Hirse)*
- *Efeublätter*
- *Fruchtstand von Hypericum (Johanniskraut)*
- *Hängender Fuchsschwanz (Amaranthus)*
- *Heu*
- *Hafer*
- *Physalisblüten („Lampions")*
- *Naturbast*
- *Minitontöpfchen*
- *Steckdraht, 18 mm*

Legen Sie den Tontopf mit Folie aus, damit kein Wasser auslaufen kann. Nun schneiden Sie den befeuchteten Steckschaum zurecht und lassen ihn etwa 1 cm über den Topfrand stehen.

Der Kürbis wird am Stiel angedrahtet und in den Steckschaum gesteckt. Setzen Sie ein angedrahtetes Büschel Heu hinter den Kürbis. Hojablatt, Fuchsschwanz, Gräser, Efeu, Hypericum und Hafer werden rund um den Kürbis eingearbeitet.

Durch den Boden des Tontöpfchens stecken Sie ein Stück Bast und knoten es fest. Nun ziehen Sie einen Draht zwischen Topf und Bast, drehen ihn zusammen und stecken ihn in das Gesteck. Die Physalisblüten werden an einem Bastfaden festgeknotet und um den Kürbis gelegt.

Herbststimmung

Vogelscheuche aus Heu

Material:

- *Holzkugel, ø 6 cm*
- *Heu*
- *Wickeldraht, grün*
- *Rundstab, 40 cm lang*
- *Naturbast*
- *2 kleine Kürbisrispen*
- *1 Stück Herbststoff, 40 cm x 14 cm groß*
- *Zackenschere*

Umwickeln Sie die Holzkugel mit Heu. Kleben Sie dann den Rundstab in die Kugel.
Anschließend binden Sie aus Heu drei Stränge. Der Strang für die Arme muss ca. 25 cm lang sein. Die Beine sind jeweils 18 cm lang.
An den Stoffkanten schneiden Sie mit einer Zackenschere entlang. In die Mitte des Stoffstücks schneiden Sie ein kleines Loch. Dann wird der Rundstab durch das Loch im Stoff gezogen. Danach binden Sie Arme und Beine am Rundstab fest.
Um die Taille der Vogelscheuche binden Sie eine Schleife aus Naturbast. Den Kopf ziert ein Kranz aus Kürbisrispen.

Kürbis

Vorlagen auf Seite 105

Material:

- *Kürbis*
- *Messer, Cutter*
- *Prägenadel, Stecknadeln*

Zuerst schneiden Sie beim Kürbis oben den Deckel ab. Dann höhlen Sie den Kürbis vorsichtig aus. Achtung, verletzen Sie nicht die Außenhaut!

Anschließend befestigen Sie die Motivvorlage für das Gesicht mit Stecknadeln auf dem Kürbis. Mit einer Prägenadel stechen Sie die Konturen für das Gesicht durch. Danach lösen Sie die Motivvorlage und schneiden die mit der Prägenadel durchgestanzten Konturen mit einem Cutter aus.

In das Kürbisinnere stellen Sie nun eine Kerze, damit das Gesicht von innen beleuchtet wird.

Karten aus Naturpapier

Karten mit Vogelscheuchenmotiv

Material:

- *Naturpapier, grün, braun und naturfarben*
- *Ähren*
- *Naturbast*
- *Vorgestanzte Blätter aus Wellpappe*

Vorlagen auf Seite 104

Motiv I (rechts oben im Bild): Die fertige Klappkarte mißt 18 cm x 12,5 cm. Aus dem naturfarbenen Papier ein Rechteck von 25 cm x 18 cm schneiden und zu einer Doppelkarte falten. Anschließend fertigen Sie aus dem grünen Naturpapier ein Rechteck von 14 cm x 11 cm. Das Vogelscheuchenmotiv mit einem Bleistift auf die Rückseite des Naturpapiers übertragen und mit einem Cutter die Zwischenräume heraustrennen. Dann kann die filigrane Vogelscheuche auf die Vorderseite der Karte geklebt werden. Nun mit einer dicken Nadel einen Baststrang durch die Vorderseite fädeln, die Bastenden vorne herausschauen lassen und die Ähren anknoten.

Motiv II (oben links): Mit den ausgeschnittenen Teilen der Vogelscheuche lässt sich eine weitere Karte verzieren. Aus dem braunen Naturpapier ein Rechteck von 25 cm x 18 cm schneiden und in der Mitte zu einer Klappkarte falten. Anschließend fixieren Sie die grünen Einzelteile. Zuletzt werden einige braune Stanzblätter aus Wellpappe auf der Karte verteilt.

Schneckenkarten

Material:

- *Naturpapier, gelb und braun*
- *Strohseide, braun*
- *Birkenblätter*
- *Bastelfarben, grün, braun und gelb*

Motiv I: Einen Bogen gelbes Naturpapier in der Mitte falzen und zu einer Doppelkarte falten. Das Schneckenmotiv pausen Sie innen auf den Kartendeckel und trennen dann die Zwischenräume mit einem Cutter heraus. Anschließend die Schnecke mit brauner Strohseide hinterkleben. Die Herbstblätter werden aufgedruckt. Dazu die Birkenblätter mit Farbe bestreichen und auf die Karte drücken. Blattstiele und Blattadern werden zusätzlich mit einem feinen Pinsel betont.

Motiv II: Auch hier werden die ausgeschnittenen Teile der Schnecke von Motiv I für eine weitere Karte benutzt. Die Grußkarte aus braunem Naturpapier arbeiten und mit der Schnecke ergänzen. Die Blätter werden mithilfe von Birkenblättern aufgedruckt.

Karten mit Umschlag

Diese Karten dekorieren Sie mit getrockneten Blättern. Vor dem Aufkleben müssen die Blätter gepresst werden. Die Blätter werden einzeln zwischen Löschpapier und dann zwischen die Seiten eines Buches gelegt. Eventuell als Beschwerung noch weitere Bücher darauflegen. Alternativ können Sie die Blätter auch durch einfaches Überbügeln glattstreichen. Vorgefertigte Klappkarten mit passenden Umschlägen gibt es in vielen Farben und Formen im Fachhandel zu kaufen.

Karte mit Blätterdrachen

Material:

- *Klappkarte, rotbraun*
- *Briefumschlag, rotbraun*
- *Großes Blatt*
- *Kleine Birkenblätter*
- *Früchte vom Bergahorn*
- *Bucheckern*
- *Ilexbeere*
- *Naturbast*

Der Drachenschwanz besteht aus einem Strang Naturbast. Den Bast mit einer Stopfnadel durch die Köpfe der Ahornfrüchte fädeln. Anschließend einen weiteren Baststrang zur Hälfte binden und am Schwanzende anknoten. Mit einer Nadel den Bast aufspleißen. Dann wird der Schwanz am Stiel des großen Blattes angeknotet. Kleben Sie jetzt den Drachen auf die Vorderseite der Klappkarte, dabei als Kopfschleifen je etwas Naturbast unterschieben und fixieren. Den Bast ebenfalls vorher spleißen. Als Augen zwei Bucheckern und als Nase eine Ilexbeere befestigen. Den Mund bildet eine aufgeklebte Bergahornfrucht.
Der Umschlag wird mit einigen Birkenblättern verziert.

Karte mit Blättermotiv

Material:

- *Klappkarte, apricot*
- *Briefumschlag, apricot*
- *Getrocknete Blätter (Ahorn, Birke, Buche und Eiche)*
- *Naturbast*

Vier Blätter fächerartig am unteren Kartenrand platzieren. Aus dem Naturbast eine Schleife binden und auf dem Blätterfächer fixieren. Zwei kleine Ahornblätter im oberen Kartendrittel anordnen. Mit den Eichenblättern dekorieren Sie zuletzt den Briefumschlag.

Kugel-Baum und Adventskranz

Kugel-Baum

Material:

- *Weidenkugel, ø 8 cm*
- *Grünes Moos*
- *Kupferdraht*
- *Apfelsinenscheiben*
- *Grünen Bambusstab*
- *Blumentopf*
- *Steckschwamm*
- *Band, creme-gold gestreift, 4 cm breit, 80 cm lang*
- *Bast, goldfarben*

Zuerst verkleiden Sie die Weidenkugel mit Moos. Dazu nehmen Sie den Kupferdraht zu Hilfe.

Die Apfelsinenscheiben werden ebenfalls mit dem Draht befestigt. Sie können sie allerdings zusätzlich noch festkleben.

Dann kleben Sie den Steckschwamm in den Topf und bedecken ihn mit Moos.

Nun den Bambusstab in die Kugel stecken und dann im Topf befestigen.

Aus Schleifenband und Bast binden Sie eine Schleife, die unter die Kugel gesetzt wird.

Adventskranz mit Moos

Material:

- *Strohkranz, ø 25 cm*
- *Grünes Moos*
- *8 Apfelsinenscheiben*
- *4 Bienenwachskerzen*
- *Kupferdraht*
- *Bast, goldfarben*

Zuerst umwickeln Sie den Strohkranz mit Moos. Nehmen Sie dafür den Kupferdraht zu Hilfe.

Dann werden die vier Kerzen mit Draht und Klebstoff auf dem Kranz befestigt. Zwischen den Kerzen platzieren Sie die Dekoration: jeweils zwei getrocknete Apfelsinenscheiben und eine kleine Schleife aus goldenem Bast.

Moosstecker

Material:

- *Styropormond, 23 cm groß*
- *Golddraht*
- *Plattenmoos*
- *Rundstab*
- *2 Zimtstangen*
- *3 getrocknete Orangenscheiben*
- *Goldbouillon*
- *Band, gold-weiß kariert, 4 cm breit, 1,5 m lang*

Kleben Sie Plattenmoos auf den Styropormond. Dann fixieren Sie das Moos, indem Sie Golddraht um den Moosmond herumwickeln. Den Rundstab kleben Sie von unten in den Mond hinein.
Jetzt verzieren Sie den fertigen Mond mit Zimtstangen und Orangenscheiben, die Sie an der Unterseite des Mondes befestigen. Die Orangenscheiben werden dazu aneinander geklebt und mit Goldbouillon umwickelt. Eine Schleife ziert den Stecker.

Stern

Material:

- *Styroporstern, 20 cm groß*
- *Golddraht*
- *Plattenmoos*
- *Rundstab*
- *Zimtstange*
- *3 getrocknete Apfelsinenscheiben*
- *Goldbouillon*
- *Band, gold-weiß kariert, 4 cm breit, 1,5 m lang*

Befestigen Sie das Plattenmoos mit Kleber auf dem Styroporstern. Um das Moos weiter zu fixieren, umwickeln Sie den Stern mit Golddraht. Danach wird der Rundstab von unten in den Stern geklebt. Die drei Apfelsinenscheiben werden aneinandergeklebt und mit Goldbouillon umwickelt. Dann kleben Sie die Scheiben in die Sternmitte. Binden Sie nun die Schleife, die Sie an der Unterseite des Sterns befestigen. Zuletzt wird die Zimtstange festgemacht.

Tannenkranz

(Abbildung Seite 75)

Material:

- *Tannenkranz, ø 30 cm*
- *9 getrocknete Apfelsinenscheiben*
- *5 Zimtstangen, ca. 25 cm lang*
- *2 Sterne, mit Körnern beklebt*
- *Mond, mit Körnern beklebt*
- *Band, goldfarben, 4 cm breit, 1,3 m lang*

Kleben Sie jeweils drei Apfelsinenscheiben zusammen und drahten Sie die Scheiben an.
Dann verteilen Sie Zimtstangen, Apfelsinenscheiben sowie einen Stern und den Mond auf dem Kranz. Kleben Sie die einzelnen Dekoelemente fest.
Aus dem Band binden Sie eine Schleife, die am oberen Kranzrand befestigt wird. Der zweite Stern wird zur Zierde in die Mitte der Schleife gehängt.

Weihnachtlicher Korb

(Abbildung Seite 75)

Material:

- *Weidenkorb, 22 cm groß*
- *Tannenzweige*
- *Steckschwamm*
- *3 Zimtstangen, 25 cm lang*
- *3 Sterne, mit Körnern beklebt*
- *Mond, mit Körnern beklebt*
- *12 getrocknete Apfelsinenscheiben*
- *Kerze, honigfarben*
- *Band, goldfarben, 4 cm breit, 1,3 m lang*

Zuerst befestigen Sie den Steckschwamm mit Heißkleber im Weidenkorb.
Dann schneiden Sie die Tannenzweige zurecht. Bevor Sie den Korb nun mit Tanne bestecken, fixieren Sie die Kerze auf dem Schwamm. Kleben Sie nun immer zwei Apfelsinenscheiben zusammen und drahten Sie die Zimtstangen an. Stecken Sie die Zimtstangen quer über den Korb und kleben Sie einen Körnerstern darauf. Anschließend verteilen Sie die Apfelsinenscheiben, die restlichen Sterne und den Mond. Zuletzt wird der Korb mit einer Schleife dekoriert.

Adventskranz

Material:

- *Metallring, ø 25 cm*
- *Buchs*
- *Thuja*
- *Scheinzypresse*
- *Kerzendraht, ø 1,8 mm*
- *4 Stumpenkerzen, rot, ø 7 cm, 7 cm hoch*
- *Dekoband mit Sternen, 4 cm breit*
- *Zimtstangen*
- *Lorbeerblätter, goldfarben*
- *Kiefernzapfen*
- *Golddraht*

Die Zweige ohne Spitze, also die Abfälle, mit Bindedraht über den Metallring binden.

Legen Sie den Rohling in die linke Hand und binden Sie die Zweige mit Bindedraht über den Rohling.

Binden Sie die Zweige bis dicht unter den Anfang. Dazu wird der Anfang mit der Hand hochgeschoben, um zu vermeiden, dass er miteingebunden wird.
Kerzen werden mit 1,8 mm starkem Kerzendraht versehen. Dazu wird der Draht über einer brennenden Kerze erhitzt, damit er sich leicht in das Kerzenwachs einstecken lässt.
Stecken Sie drei Abschnitte des Kerzendrahtes dicht nebeneinander in die Unterseite der Kerze.

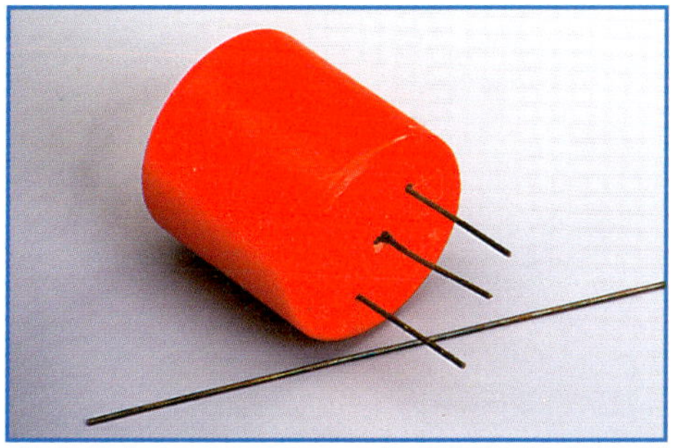

Bevor Sie die Kerzen im Kranz befestigen, das erwärmte Wachs erkalten lassen, damit der Kerzendraht fest in der Kerze steckt.
Den gebundenen Adventskranz dekorieren Sie mit den angedrahteten Stumpenkerzen. Aus dem Dekoband binden Sie vier Schleifen (Seite 5/6), die Sie außen am Kranz unterhalb der vier Kerzen einfügen.
Binden Sie Golddraht um die Zimtstangen und kleben Sie diese mit den Lorbeerblättern auf den Kranz.
Die Kiefernzapfen drahten Sie an und stecken sie ebenfalls in den Kranz.

Gewürz- und Früchtestrauß für die Adventszeit

(Abbildung Seite 78)

Material:
- *Diverses Grün, z. B.: Seidenkiefer, Thuja, verschiedene Wacholderarten*
- *Goldhaar*
- *Kordel*
- *Goldbouillon*
- *Orangenscheiben*
- *Minilimetten*
- *Getrocknete Zucchinischeiben*
- *Zimtstangen*
- *Beeren*
- *Nüsse*
- *Goldpapier*
- *Steckdraht, 1,4 mm stark*
- *Golddraht*

Schneiden Sie zuerst das Grün zurecht. Kurze Stiele werden zu kleinen Büscheln zusammengedrahtet.
Aus dem Grün wird ein dichter, kugeliger Strauß gebunden und für die dafür vorgesehene Vase auf die richtige Länge gekürzt.
Goldhaar, Orangenscheiben, Minilimetten und Nüsse werden einzeln angedrahtet. Die Zimtstangen nehmen Sie zu Bündeln von zwei oder drei Stück zusammen, umwickeln diese mit Golddraht und drahten sie an. Die Kordel drahten Sie zu einer Schleife, die Zucchinischeiben fädeln Sie in unterschiedlichen Abständen auf Golddraht. Nun werden alle gedrahteten Teile in den grünen Strauß eingesteckt.
Zum Schluss legen Sie die Zucchinischeiben über den Strauß und verknoten den Golddraht in den Zweigen. Wenn Sie möchten, können Sie mit einem Pinsel noch etwas Goldstaub auftragen. Dann wirkt der Strauß festlicher. Unterstreichen Sie diese Wirkung noch mit einer Manschette aus Goldpapier. Legen Sie das Goldpapier der Länge nach zusammen. Legen Sie dann die untere Papierkante an die Bindestelle an und raffen Sie das Papier um den Strauß. Zuletzt wird mit Bast abgebunden.

Weihnachtskarten

Material:

- *Wellpappe, grün*
- *Vorgestanzte Teile aus goldener Wellpappe: Stern, Mond und Tannenbaum*
- *Sisalband, grün-goldfarben*
- *Grobes Juteband*
- *Ähren, goldfarben*
- *Papierkordel*
- *Golddraht*
- *Sternanis*
- *Ingwer*
- *Limonenscheibe*
- *Nelken*
- *Papier, weiß*

Schneiden Sie aus grüner Wellpappe zwei 24 cm x 17 cm große Stücke und ein 15 cm x 22 cm großes Stück.
Diese Stücke knicken Sie dann in der Mitte zu einer Karte. Die Innenseite der Karte beziehen Sie mit weißem Papier.
Dann werden die Karten wie abgebildet verziert.

Mond und Sterne

(Abbildung Seite 80)

Drei blaue Sterne

Vorlagen auf Seite 106

Material:

- *Wellpappe, blau*
- *Ähren, goldfarben*
- *Ingwer*
- *Sternanis*
- *Goldbouillon*
- *Sisalkordel, weiß-goldfarben, 1 m lang*

Für die beiden großen Sterne je viermal den größeren Stern aus blauer Wellpappe, für den kleinen Stern zweimal den kleineren Stern ausschneiden.
Dann jeweils zwei Sterne aufeinanderkleben.
Bei den großen Sternhängern wird in jede Ecke des einen Sterns eine Ähre geklebt. Dann wird der zweite Stern darüber gelegt und fixiert, vergessen Sie nicht, hier die Kordel zum Aufhängen dazwischenzulegen.
Bei einem Stern wird nun in jede Spitze eine Ähre und in die Mitte ein Stück Ingwer geklebt.
Der andere Stern wird nur mit einem Bündel goldener Ährenstiele und Sternanis verziert. Allerdings wird er wie der kleine Stern auch mit Goldbouillon umwickelt.
Der kleine Stern wird ebenfalls nur in der Mitte verziert, mit drei Ähren und einem Sternanis. Die Kordel wird dahintergeklebt.
Variieren Sie nach Lust und Laune!

Heumond

Material:

- *Graupappe*
- *Heu*
- *Golddraht*
- *Band, blau mit goldenen Monden, 10 cm breit, 1,5 m lang*
- *Rundstab*

Zuerst den Mond aus Pappe ausschneiden. Dann den Rundstab an die Pappe kleben.
Als nächstes wird der Mond vollständig und von beiden Seiten mit Heu beklebt, bis keine Pappe mehr sichtbar ist. Dann umwickeln Sie den Heumond mit Golddraht.
Zuletzt die Schleife an den Stab binden.

Teller mit Blumentöpfen

Material:

- *Teller, ø 16 cm*
- *Blumentopf, ø 7 cm*
- *Blumentopf, ø 6 cm*
- *Blumentopf, ø 5 cm*
- *Zapfen*
- *Sternanis*
- *Zimtstangen*
- *3 blaue Kugelkerzen, passend zu den Töpfchen*

Kleben Sie die drei unterschiedlich großen Blumentöpfchen auf dem Teller fest.
Zwischen und vor die Töpfe kleben Sie die Zapfen, den Sternanis und die Zimtstangen. Die drei Kugelkerzen werden in die Töpfe gesetzt.

Zapfenparade

Hängender Zapfen

Material:
- *Zapfen, 15 cm groß*
- *Naturbast*
- *Dschungelgras, natur*
- *Efeu*
- *Zimtstange*

Hängen Sie den Zapfen mit Bast auf. Dann kleben Sie auf die obere Zapfenhälfte Dschungelgras, Efeu und eine Zimtstange.
Eine Bastschleife ziert den Zapfen.

Zapfen im Topf

Material je Topf:
- *Tontopf, ø 10 cm*
- *Steckschwamm*
- *Dschungelgras, natur*
- *Zapfen, 15 cm groß*
- *Efeu*
- *Krampen*

Kleben Sie den Steckschwamm im Tontopf fest. Dann bestecken Sie den Schwamm mit Dschungelgras, dazu verwenden Sie die Krampen.
In der Topfmitte befestigen Sie nun den Zapfen.
Zuletzt umschlingen Sie den befestigten Zapfen noch mit etwas Efeu.

Heutanne ...

(Abbildung Seite 82)

Tannen-Stecker

Vorlagen auf Seite 105

Material:
- *Graupappe*
- *Heu*
- *Rundstab*
- *Juteband, grob, 12 cm breit, 1 m lang*
- *Kordel, goldfarben, 1 m lang*
- *Golddraht*

Als erstes wird die Schablone für die Tanne aus Pappe zweimal ausgeschnitten. Beim Aufeinanderkleben beider Schablonen wird der Rundstab zwischen die Schablonen gelegt.
Daraufhin kann die Pappe mit Heu beklebt werden. Überstehendes Heu wird nachher abgeschnitten.
Umwickeln Sie die Tanne mit Golddraht. Der fertige Tannenbaum wird noch mit einer Schleife aus Juteband und Kordel verziert.

Mohntopf

Material:
- *Blumentopf*
- *1/2 Steckkugel, ø 15 cm*
- *Dschungelgras*
- *Mohnkapseln*
- *Goldbouillon*
- *Band, 10 cm breit, 75 cm lang*

Die halbe Steckkugel wird in den Topf geklebt und mit Dschungelgras besteckt. Dann die Mohnkapseln dicht an dicht in die Steckkugel stecken, dabei kann das

grüne Dschungelgras durchaus etwas durchscheinen.
Zuletzt die Kapseln mit Goldbouillon umspannen und den Topf mit einer Schleife verzieren.

Herz mit Zapfen

Vorlagen auf Seite 104

Material:
- *Graupappe*
- *Wellpappe, naturfarben, 86 cm x 4 cm*
- *Kordel, goldfarben, 1,5 m lang*
- *Golddraht*
- *Dschungelgras*
- *Zapfen*
- *Zimtstangen*
- *Lorbeerblatt*
- *Sternanis*

Zuerst das Herz aus Pappe und den Streifen aus Wellpappe zuschneiden. Dann den Streifen senkrecht auf den Rand des Herzens kleben, sodass eine Schachtel entsteht.
Nun das Dschungelgras im Herz befestigen. Darauf werden dann die Zapfen gesetzt.
Die Kordel wird an jedem Ende verknotet und am Rand des Herzens entlang befestigt.
In die Herzmitte werden die mit einem Lorbeerblatt umwickelten Zimtstangen geklebt. Auf dem Lorbeerblatt platzieren Sie den Sternanis.
Zuletzt wird das fertige Herz mit dem Golddraht umwickelt.

Sterne und Herz

Vorlagen auf Seite 106

Hängender Stern aus Wellpappe

Material:

- Wellpappe, naturfarben
- Goldbouillon
- 4 Zimtstangen
- Orangenscheibe
- Sternanis
- Kordel, weiß-goldfarben, 50 cm lang

Den größeren Stern viermal aus Wellpappe ausschneiden und zu zwei Sternen zusammenkleben.
Auf einen der beiden Sterne dann acht halbe Zimtstangen kleben und zwar in die Ecke des später unten liegenden Sterns. Den oberen Stern dann mit der Spitze auf die Zimtstangen kleben (siehe Foto!). Die Kordel wird ebenfalls dazwischengelegt und befestigt. Zuletzt die Orangenscheibe und den Sternanis in die Mitte des Sterns kleben und das Ganze mit Goldbouillon umwickeln.

Herz mit Zimtstangen

Vorlagen auf Seite 107

Material:

- Wellpappe, naturfarben
- Goldbouillon
- 3 Zimtstangen
- Limonenscheibe
- Wacholderbeere
- 4 Nelken
- Kordel, weiß-goldfarben, 50 cm lang

Aus der Wellpappe schneiden Sie vier Herzen, die Sie anschließend zu zwei Herzen zusammenkleben.
Zwischen diese beiden Herzen kleben Sie dann die drei Zimtstangen und die Kordel zum Aufhängen. Danach werden die Gewürze in der Herzmitte fixiert.
Zuletzt umwickeln Sie das Herz mit Goldbouillon.

Stern aus Heu

Vorlagen auf Seite 107

Material:

- Heu
- Golddraht
- Rundstab
- Band, weiß mit goldenen Sternchen, 10 cm breit, 1,5 m lang

Zuerst wird der Stern aus Graupappe ausgeschnitten.
Dann kleben Sie den Rundstab auf die Pappe und bekleben den Stern beidseitig mit Heu. Überstehendes Heu wird nun abgeschnitten, damit die Sternform wieder sichtbar wird.
Dann werden die noch durchscheinenden Pappstellen mit Heu verdeckt. Dazu binden Sie weiteres Heu mit dem Golddraht um die Pappform.

Zuletzt wird der fertige Stern mit einer Schleife verziert.

Die ersten Frühlingsboten – Vögel aus Holzwolle

Material:
- *Holzwolle*
- *Dünner Golddraht*
- *Pappe*
- *Glas-Tieraugen*
- *Tonkarton, hellbraun*
- *Schleifenband, grün, 15 mm breit, 110 cm lang*
- *Satinband, grün und rot*
- *Schleifenband, kariert*
- *Wurzel oder Aststück, ca. 40 cm lang*
- *Dschungelmoos*

Vorlagen auf Seite 102

Vogelkopf und Körper bestehen aus je einer Kugel von 5 cm bzw. 7 cm Durchmesser.

Nehmen Sie die Holzwolle in die Hand und formen Sie daraus eine Kugel mit dem entsprechenden Durchmesser.

Die Holzwolle sehr fest zusammendrücken und eng mit dem Golddraht umwickeln.

Zum Anfertigen von Flügeln und Schwanz werden Pappschablonen benötigt. Die Vorlagen auf die Pappe übertragen und ausschneiden. Anschließend die Schablonen mit Holzwolle umwickeln und diese mit Golddraht fixieren.

Die einzelnen Holzwolleteile mit Heißkleber zu einem Vogel zusammenkleben. Der Schnabel wird aus braunem Tonkarton ausgeschnitten und an den gestrichelten Linien gefalzt. Die Schnabelspitzen nach außen biegen und den Schnabel am Kopf ankleben.

Den Kopf mit den Tieraugen ergänzen. Um den Hals bekommt jeder Vogel noch eine Satinschleife.

Die beiden Holzwollevögel mit Heißkleber auf einem Ast- oder Wurzelstück befestigen, dabei als Nest etwas Dschungelmoos unterkleben. Die Wurzelenden mit bunten Schleifen verzieren. Damit die Frühlingsboten auch aufgehängt werden können, binden Sie an die Wurzelenden ein ca. 110 cm langes Schleifenband. Das Band nach oben führen und eine kleine Schlaufe einarbeiten.

Oster-Glocke

Vorlagen auf Seite 102

Material:

- *Metallglocke (Rohling)*
- *Dschungelmoos*
- *Satinband, dunkelblau und hellblau*
- *Schleifenband, 2,5 cm breit*
- *Deko-Häschen*

Metallrohlinge in verschiedenen Formen wie Glocken- oder Herzform sind im Bastel- oder Floristikbedarf erhältlich. Sie können die Glocke jedoch aus Sisaldraht auch in beliebiger Größe selbst anfertigen. Ein Muster dafür finden Sie auf dem Vorlagenbogen. Biegen Sie den Sisaldraht mithilfe einer Zange in die entsprechende Grundform. Die Enden werden mit dünnem Draht zusammengebunden.

Eine Seite der Glocke wird dicht mit Dschungelmoos umwickelt. Um das Dschungelmoos hellblaues Satinband herumwinden und die Enden verknoten.

Nun aus dem Schleifenband eine Schleife binden und den oberen Moosabschluss damit kaschieren. Als Zierde weitere Schleifen aus hell- und dunkelblauem Satinband befestigen. Zuletzt knoten Sie das Dekohäschen mit einer Satinschleife am unteren Moosende an und befestigen am oberen Glockenrand ein Satinband als Aufhänger.

Osterkorb

Material:

- Steckschaum für Frischblumen
- Grüner Spankorb
- Stoffhase
- Ca. 1 m grün-weiß kariertes Band
- 8-10 weiße Tulpen
- Birkenzweige
- Efeuranken
- Efeublätter
- Pitosforino
- Asparagus
- Fruchtstand von Viburnum (Schneeball)
- Heu
- Moos
- Naturbast
- Einmachglas o. ä.
- 2 Steckdrähte

Das Einmachglas sollte so hoch sein, dass es mit dem Korbrand abschließt. Der Steckschaum wird in Wasser gelegt, bis er ganz vollgesogen ist. Dann schneiden Sie den Steckschaum so zurecht, dass er fest im Gefäß sitzt. Nun wird das Glas in den Korb gestellt und so mit Moos gepolstert, dass es nicht wackelt.

Beginnen Sie das Gesteck mit großen Efeublättern in der Basis. Stecken Sie dann Efeuranken und Birkenzweige ein. Nun stecken Sie die Tulpen abgestuft in den Steckschaum ein, wie die Abbildung zeigt. Die Blütenköpfe sollten ziemlich dicht beieinander sein.

Drahten Sie kleine Büschel aus dem Heu und dem Bast an, die Sie dann in die Basis stecken. Wo jetzt noch Steckschaum zu sehen ist, decken Sie ihn mit Pitosforino, Asparagus und Fruchtstand von Viburnum ab.

Das Band wird dekorativ um das Gesteck gewunden und an beiden Enden mit Draht im Steckschaum befestigt. Zum Schluss wird der Hase ins Moosbett gesetzt.

Topfhäschen

Vorlagen auf Seite 95

Material:

- *Pappe für die Ohren*
- *Wickeldraht, grün*
- *Heu*
- *Naturbast*
- *2 Glas-Tieraugen, ø 1,5 cm*
- *1 Tiernase, 2 cm groß*
- *Band, orange, 4 cm breit, 1 m lang*
- *Tontopf, ø 4,5 cm*
- *Tontopf, ø 20 cm*
- *Steckschwamm*
- *Dschungelgras*
- *3 kleine Eier*
- *1 Holzmöhre*
- *2 Freesien mit Zwiebel, apricot*

Fertigen Sie zuerst den Hasen nach der Beschreibung von Seite 7 an. Die Maße für diesen Hasen betragen: Kopf: 26 cm Umfang, Körper: 16 cm lang und 38 cm Umfang, Arme: je 22 cm lang und 11 cm Umfang, Beine: je 25 cm lang und 10 cm Umfang. Die Barthaare aus Bast sind 6 cm lang.
Anschließend kleben Sie den Steckschwamm in den großen Tontopf, bedecken ihn mit Dschungelgras und arrangieren den Rest wie abgebildet zu einem Gesteck. In den Schoß des Hasen setzen Sie den kleinen Topf, gefüllt mit Eiern und der Möhre. Die Freesien und eine Bastschleife werden hinter dem Hasen platziert (siehe kleine Abbildung).

Natürliche Tischdekoration mit Moos

Material:

- *Einfache Kerzenständer in diversen Höhen*
- *Metallständer mit Glaseinsatz, hoch und niedrig*
- *Drahtring*
- *Golddraht*
- *Gefüllte Tulpen, gelb*
- *Spiräenzweige*
- *Birkenzweige*
- *Efeublätter*
- *Frisches Moos*
- *Stiefmütterchenblüten*

Legen Sie Moos um die Kerzenständer und umwickeln Sie es mit Golddraht. Genauso gehen Sie mit den Metallständern vor. Sie können auch abwechselnd Moos und Efeublätter festwickeln.

In der Abbildung wird die Vase im hohen Metallständer mit Tulpen gefüllt, die weiche Stiele haben, mit denen eine schöne abfließende Wirkung erzielt wird.

In dem kleinen Ständer liegt ein Ei, dekoriert mit Stiefmütterchenblüten. Blüten von Stiefmütterchen werden auch vor dem Ensemble auf den Tisch gestreut.

Der kleine, im Vordergrund liegende Kranz wird mit Efeublättern gebunden. Die größeren Efeublätter werden dazu abgeschnitten, die kleineren an der Spitze des Zweiges bleiben an einem Stück. Legen Sie die Blättchen dicht auf den Drahtring und binden Sie sie mit Draht fest.

Alles aus Heu

Vorlagen auf Seite 108

Hase als Vogelscheuche

Material:

- *1 Tontopf, ø 20 cm*
- *Pappe*
- *Heu*
- *Golddraht*
- *2 Wackelaugen, ø 2 cm*
- *1 Tiernase, 1,5 cm groß*
- *Naturbast*
- *Bast, grün und gelb*
- *1 Stück Jute, grün, 20 cm x 40 cm groß*
- *Naturmoos*
- *Rundstab*
- *1 große Möhre*
- *2 kleine Holzmöhren*
- *6 kleine Blümchen mit Blättern, gelb*

Schneiden Sie den Kopf aus Pappe aus. Dann fertigen Sie einen Stecker wie auf Seite 6 beschrieben an. Auf den fertigen Kopfstecker kleben Sie das Gesicht. Die Augenbrauen sind aus 3 cm langen Baststücken gebunden, die Barthaare aus 10 cm langen Baststücken.

Aus Heu binden Sie einen 40 cm langen und 5 cm dicken Strang, der an den Enden nicht mit Draht umwickelt wird. Anschließend knicken Sie das Jutestück in der Mitte und stechen dort mittig den Stab durch. Legen Sie unter die Jute den Heustrang und binden Sie ihn fest.

Die Jute wird dann in der Taille des Hasen mit grünem und gelben Bast um den Stab gebunden.
Binden Sie nun einen Heukranz mit einem Durchmesser von 18 cm.
Verzieren Sie diesen Kranz mit Blümchen und den kleinen Möhren. Dann stülpen Sie den Tontopf um, legen den Kranz darüber und kleben auf den jetzt oben liegenden Fuß des Topfes Naturmoos. Die fertige Vogelscheuche wird nun in das Loch des Tontopfes geklebt. Zuletzt befestigen Sie noch die große Möhre an der Vorderseite des Topfes.

Osterglocken im Glas

(Abbildung Seite 89)

Material:

- *Glas*
- *Steine, weiß*
- *Sand*
- *Frische Osterglocken mit Zwiebel*
- *Naturbast*

Legen Sie die Steine unten in das Glas, geben Sie Sand darüber und stellen Sie die Osterglocken auf den Sand. Eventuell mit Steinen stabilisieren. Zur Zierde binden Sie einen Baststrang um das Glas. Vergessen Sie nicht, den Sand feucht zu halten!

Heu-Ei

(Abbildung Seite 89)

Material:

- *1 Styroporei, 16 cm groß*
- *Heu*
- *Naturbast*
- *Bast, gelb*
- *2 Holzkäfer, gelb und grün*
- *4 kleine Tontöpfchen, ø 4,5 cm*
- *2 Blumenzwiebeln*
- *1 Blume mit Zwiebel, gelb*
- *Dschungelgras*

Umwickeln Sie das Ei mit Heu und Naturbast.
Kleben Sie dann eine dicke und lange gelbe Bastschleife auf das Ei. Weiterhin verzieren Sie es mit den Käfern, den Töpfchen, der Blume und dem Dschungelgras.
Die Blumenzwiebeln und zwei Töpfe werden an den Bast geknotet.

Hasenstecker mit Blume

(Abbildung Seite 89)

Material:

- *Pappe*
- *Heu*
- *Golddraht*
- *2 Rundstäbe*
- *2 Glas-Tieraugen, ø 1,5 cm*
- *1 Tiernase, 1,5 cm groß*
- *Juteband, gelb, 12 cm breit, 80 cm lang*
- *Kordel, gelb, 60 cm lang*
- *Wellpappe, gelb und grün*

Schneiden Sie den Hasen der Vorlage nach aus. Dann fertigen Sie ihn nach der Anleitung von Seite 6 an. Auf den fertigen Hasen kleben Sie die Augen und die Nase. Eine Schleife aus Jute und eine gelbe Kordel werden vor dem Hasen befestigt. Anschließend fertigen Sie die Blume an. Schneiden Sie die Blütenblätter zehnmal, den Kreis zweimal und die Blätter viermal aus. Dann kleben Sie die Blütenblätter zusammen, dazwischen den Rundstab. Auf jede Seite der Blüte kleben Sie einen Kreis und aus den vier Blätterhälften kleben Sie zwei doppelte Blätter zusammen und an den Stab.
Die zwei Stecker werden dann zusammengedrahtet, sodass es aussieht, als ob der Hase die Blume festhielte.

Natürlicher Osterkranz

Material:

- *Styroporkranz*
- *Wickeldraht*
- *Heu*
- *Moos*
- *Mooshaften*
- *Birkenzweige*
- *Weidenkätzchen*
- *Efeuranken*
- *Efeublätter*
- *Naturbast*
- *Terrakottaeier mit Stiel*
- *Terrakottavögel*
- *Eierkerzen*

Binden Sie zuerst das Heu mit Wickeldraht auf die Kranzunterlage. Dann stecken Sie das Moos an zwei bis drei Stellen mit Mooshaften fest, sodass noch Heu sichtbar bleibt.
Nun winden Sie die Birken- und Kätzchenzweige um den Kranz und befestigen die Zweige mit Bast. Lassen Sie einige Zweigspitzen lose über den Außen-

rand laufen. Ein paar größere Efeublätter werden gruppiert und mit Haften festgesteckt.

Dann die Efeuranken durch die Zweige schlingen und locker auslaufen lassen.
Bevor Sie den Kranz dekorieren, besprühen Sie ihn mit Klarlack. Anschließend werden die Kerzen mit Draht und die Eier aufgesteckt. Zum Schluss die Vögel mit der Klebepistole auf den festgesteckten Efeublättern ankleben.

Osterbäume

Großes Eierbäumchen

Material:

- Heu
- Wickeldraht
- Blumentopf
- Steckschwamm
- Dschungelgras
- 5 Zimtstangen
- Astbündel
- Draht, blau
- Naturbast
- 2 Holzhühner, blau-weiß
- 1 Nest
- 3 kleine Eier
- Band, blau, 4 cm breit, 1 m lang

Zuerst binden Sie aus Heu ein 20 cm hohes dickes Ei. Das Ei wird anschließend mit blauem Draht und Naturbast umwickelt.
Den Steckschwamm kleben Sie in den Blumentopf. Dann die Zimtstangen im Ei befestigen und mit der anderen Seite in den Schwamm stecken. Jetzt decken Sie den noch sichtbaren Steckschwamm mit Dschungelgras ab.
Das Nest mit den Eiern, das Astbündel und die Holzhühner werden auf dem Gras befestigt.
Eine doppelte Schleife wird an der Unterseite des Heu-Eies fixiert.

Kleines Eierbäumchen

Material:

- Heu
- Wickeldraht
- Blumentopf
- Steckschwamm
- Dschungelgras
- Naturbast
- 1 Zimtstange
- 1 Nest
- 3 kleine Eier
- 1 Terrakotta-Hase

Das kleine Heu-Ei hat einen Durchmesser von 6 cm. Binden Sie das Ei wie auf Seite 7 beschrieben.

Dann befestigen Sie den Steckschwamm im Topf und decken ihn mit Dschungelgras ab.
An der Unterseite des Eies befestigen Sie die Zimtstange. Sie dient als Baumstamm.
Dann wird das Bäumchen im Topf fixiert und mit dem Nest, dem Hasen und einer Bastschleife verziert.

Huhn aus Weide

Material:

- 1 Weidenhuhn
- Weizen
- Heu
- Wickeldraht
- Naturbast
- Bast zum Aufhängen, blau
- 2 Holztulpen mit Blatt, blau
- 2 Holzeier am Band, blau
- Juteband, blau, 12 cm breit, 1 m lang
- Band mit Blümchen, weiß-blau, 4 cm breit, 1 m lang

Als erstes wird aus dem Heu ein eiförmiger Kranz gebunden, er soll einen Durchmesser von 28 cm haben.
Dann wird dieses Ei aus Heu an der Unterseite des Weidenhuhns befestigt.
Weizen und Tulpen werden quer über Huhn und Ei gelegt und fixiert.
Die beiden Holzeier werden befestigt und zwar so, dass sie frei hängen können.
Dann binden Sie aus den Bändern und dem Bast eine Schleife, die an der rechten Seite platziert wird.

Zuletzt hängen Sie das fertig dekorierte Weidenhuhn mit blauem Bast auf.

Gewundener Kranz mit Tulpen

(Abbildung Seite 94)

Material:
- Glasschale, ø ca. 40 cm
- Birken- und Weidenkätzchen-zweige
- Efeuranken
- Buchs
- Weißdornranke
- Stechpalmenblätter und -blüte
- Hartriegel, rot
- Korkenzieherweide
- Tulpen
- Naturbast

Beginnen Sie mit einem Gerüst aus Hartriegel, Korkenzieherweide, Birken- und Kätzchenzweigen. Winden Sie die Zweige zu einem Kranz mit einem Durchmesser von ca. 30 cm. Die Zweige werden an mehreren Stellen mit Bast fixiert, es wird bei diesem Werkstück ohne Schaumstoffunterlage gearbeitet.
Legen Sie das Gerüst in die Schale und arbeiten Sie nun den Kranz aus, indem zuerst Zweige und Efeuranken eingesteckt werden. Wichtig ist, dass die Zweige in eine Richtung laufen!
Stecken Sie nun etwas Buchs und Stechpalme in die Basis. Die Tulpen werden Kopf an Kopf gelegt, zusammengebunden und so abgeschnitten, dass sie, wenn sie in die Mitte des Kranzes gestellt werden, etwas über den Rand stehen.

Ziehen Sie nun einzelne Blüten etwas höher, damit sie besser zur Wirkung kommen. Binden Sie an ein bis zwei Stellen, wie auf der Abbildung gezeigt, einige Bastfäden an den Zweigen fest.

Wenn Sie das Wasser in der Schale regelmäßig nachgießen oder erneuern, hält sich der Kranz einige Zeit. Sie brauchen dann nur die Tulpen zwischendurch auszuwechseln.

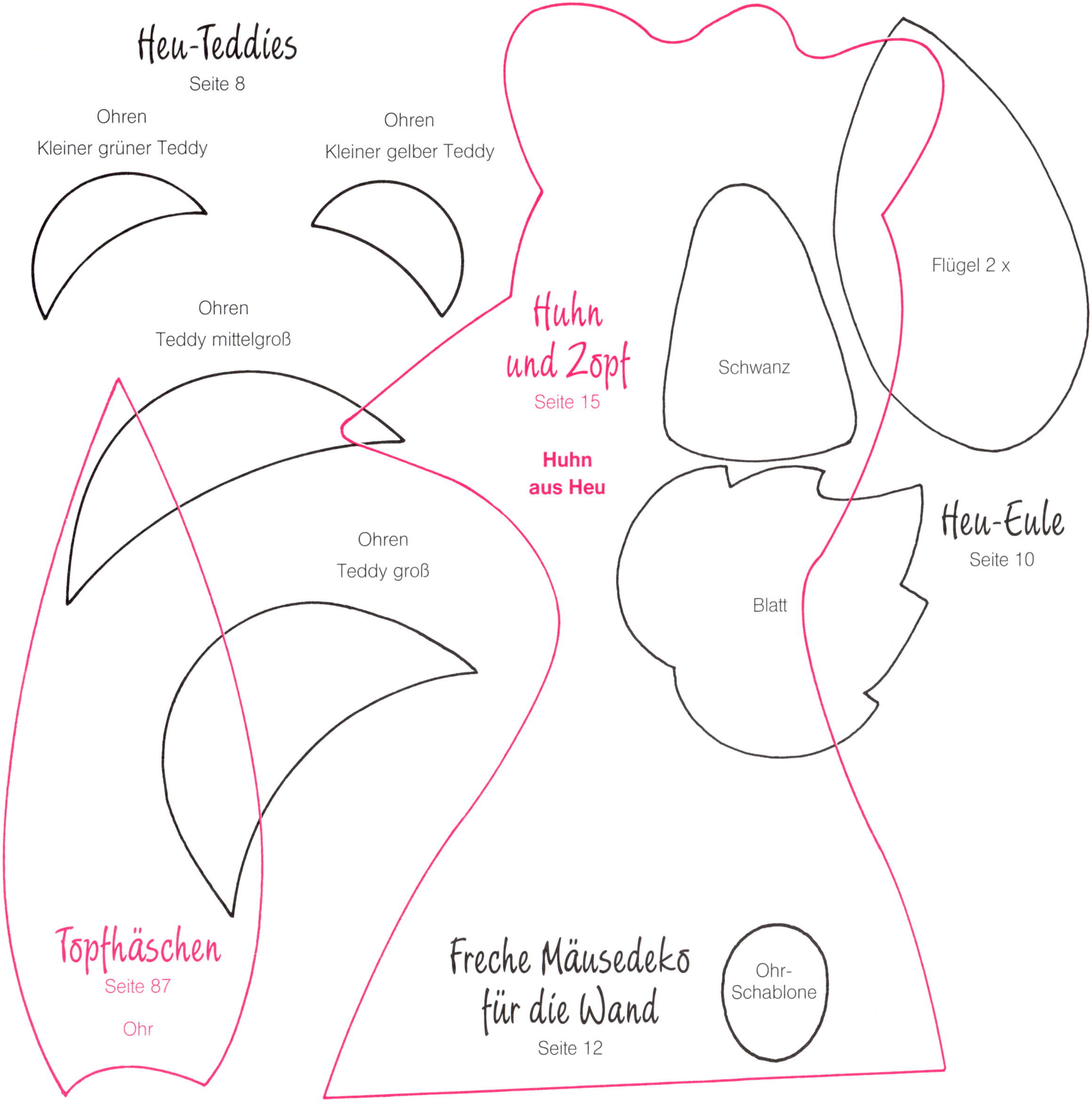
Heu-Teddies
Seite 8
Ohren
Kleiner grüner Teddy
Ohren
Kleiner gelber Teddy
Ohren
Teddy mittelgroß
Ohren
Teddy groß
Huhn und Zopf
Seite 15
Huhn aus Heu
Schwanz
Flügel 2 x
Blatt
Heu-Eule
Seite 10
Topfhäschen
Seite 87
Ohr
Freche Mäusedeko für die Wand
Seite 12
Ohr-Schablone

Hallo Piepmatz!

Seite 13

Heuvögel

Ein Hahn aus Heu

Seite 17

Fensterkreuz

Seite 40

Hase und Quaste

Seite 18

Heuhäschen

Kartengrüße

Seite 68

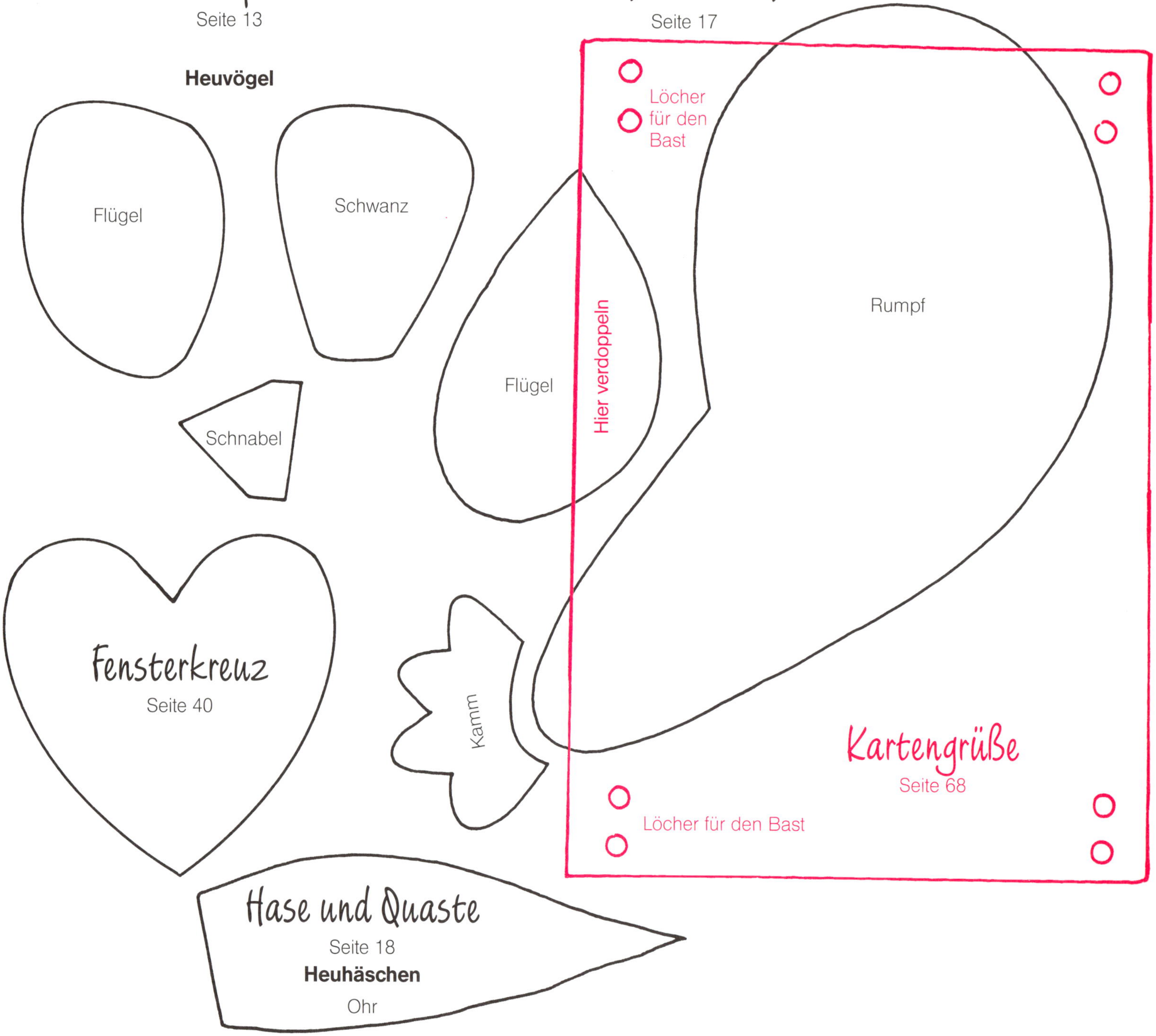

Igel und Eule

Seite 16

Stecker „Eule“

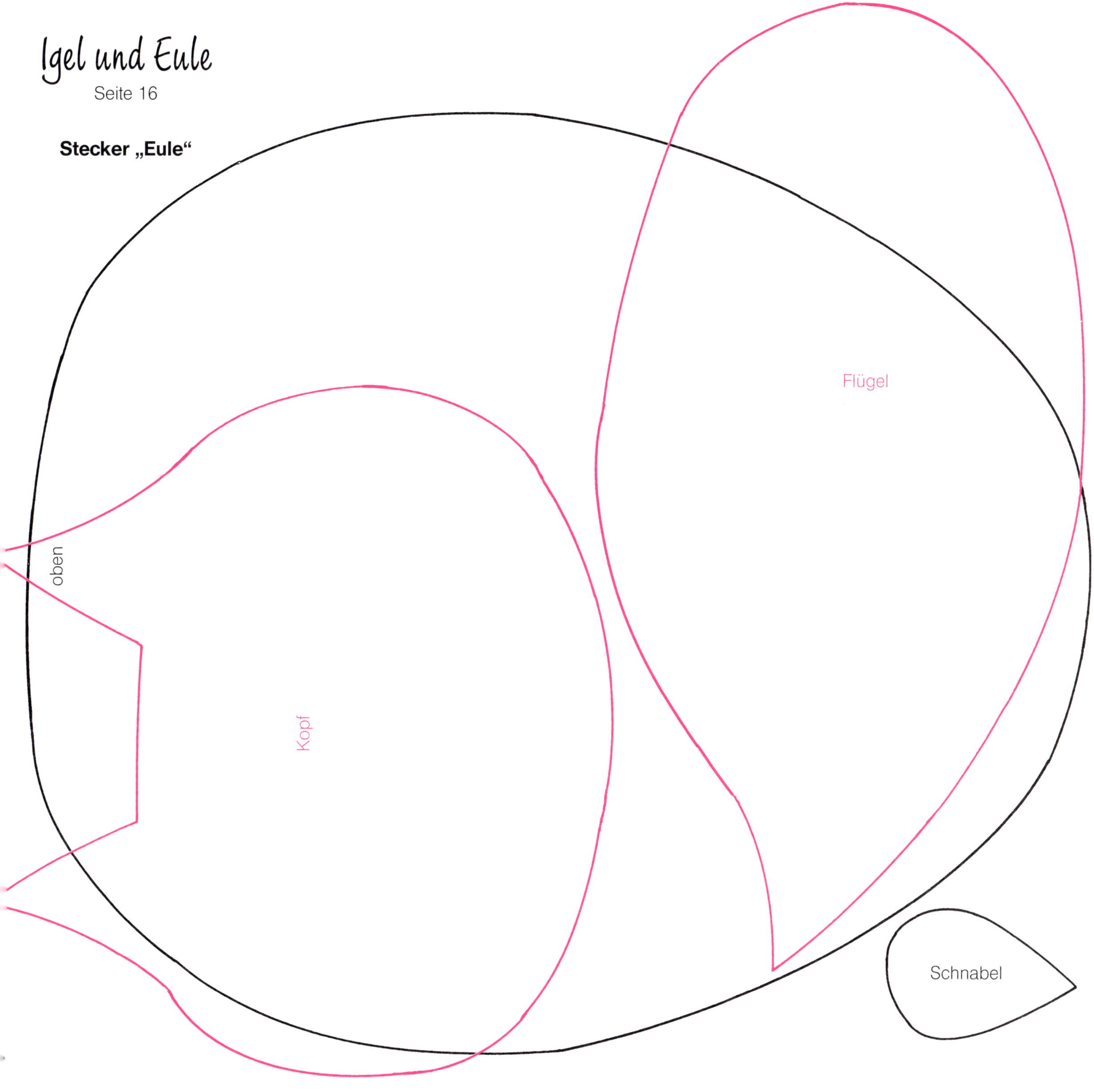

Igel und Eule
Seite 16

Stecker „Igel“

Vogelstecker
Seite 19

Schwan

Vergrößerungsfaktor: 145 %

Heudrachen
Seite 59

Blätter aus Windowcolor

Vogelstecker
Seite 19

Ente

Vergrößerungsfaktor: 145 %

Rosige Herzchen
Seite 20

Vogel aus Heu

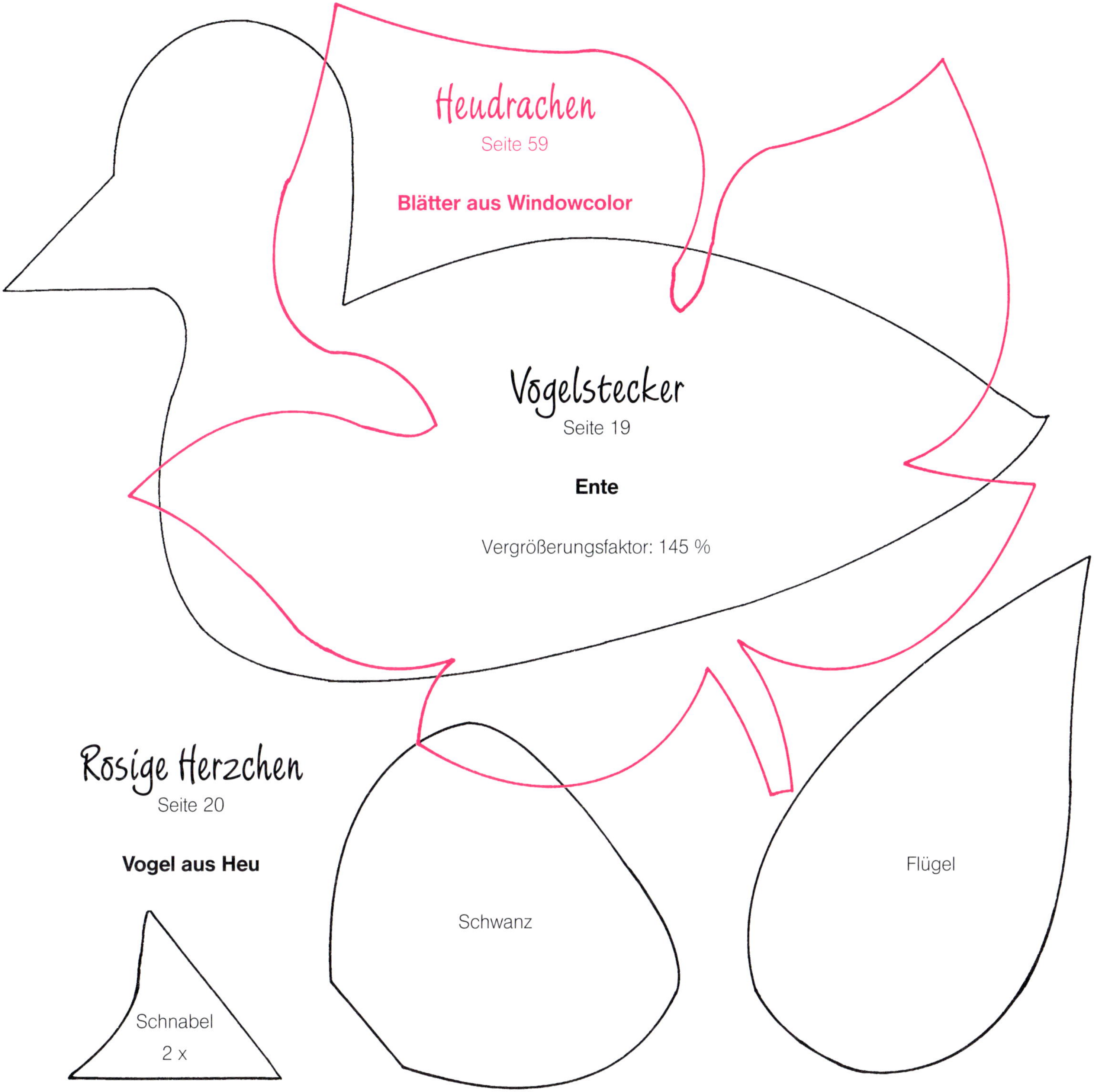

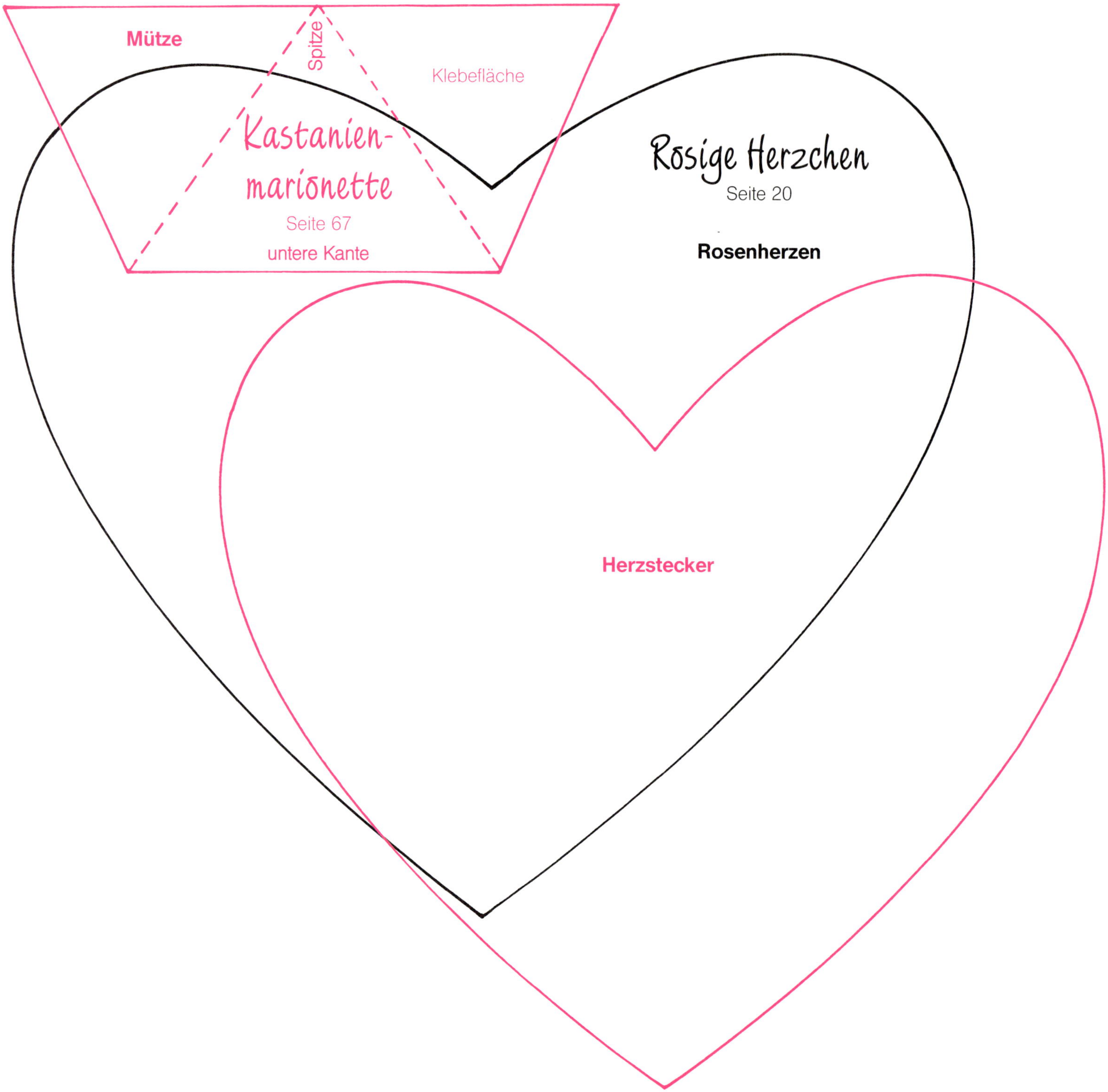
Mütze
Spitze
Klebefläche
Kastanien-
marionette
Seite 67
untere Kante
Rosige Herzchen
Seite 20
Rosenherzen
Herzstecker

Heumagd und Lavendeltopf

Seite 29

Heumagd

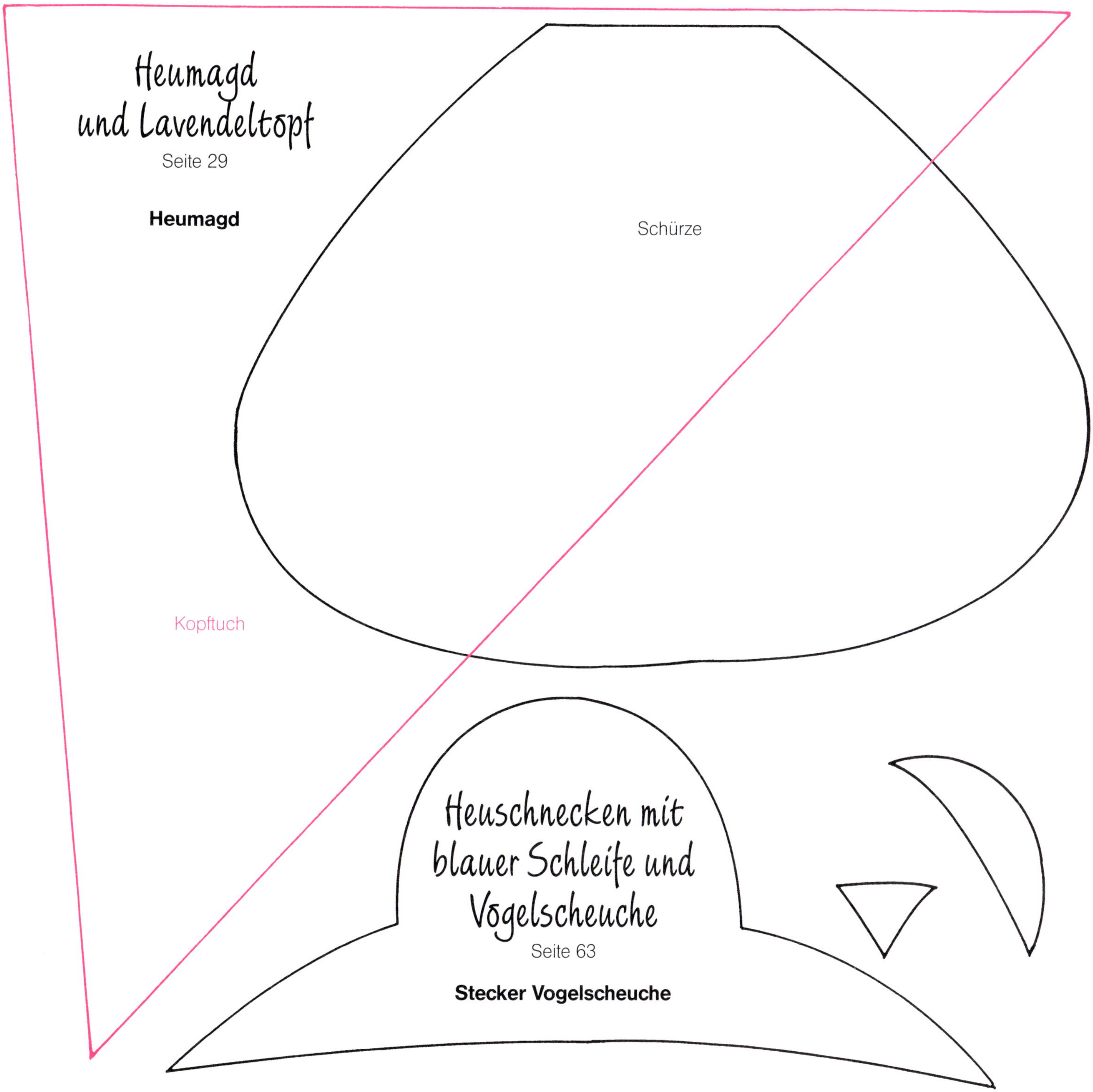

Heuschnecken mit blauer Schleife und Vogelscheuche

Seite 63

Stecker Vogelscheuche

Schnecken, Schnecken, Schnecken

Seite 44

Wagen & Schiffe aus Kastanienschalen

Seite 69

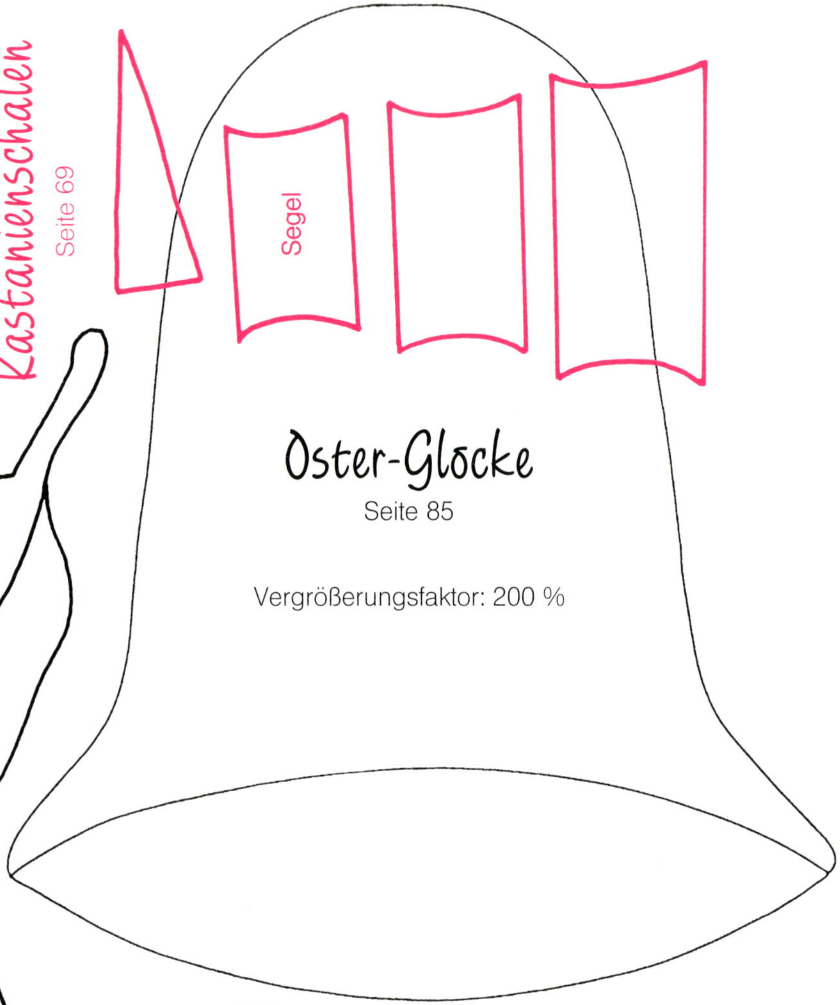

Oster-Glocke

Seite 85

Vergrößerungsfaktor: 200 %

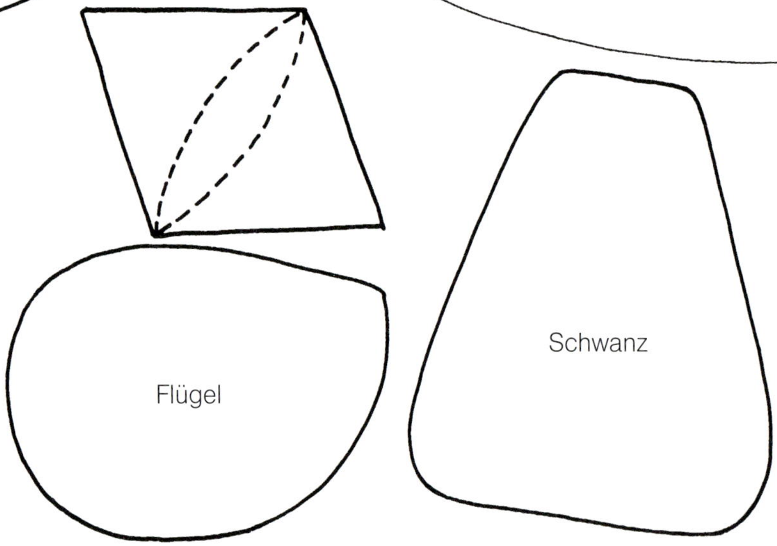

Die ersten Frühlingsboten – Vögel aus Holzwolle

Seite 84

Igel und Quasten

Seite 48

Duft-Fensterbild

Teddy-Vogelscheuche

Seite 56

Herbstliche Obstkette

Seite 57

Blatt

Heutanne ...

Seite 82

Herz mit Zapfen

Vergrößerungsfaktor: 200 %

Karten mit Vogelscheuchenmotiv

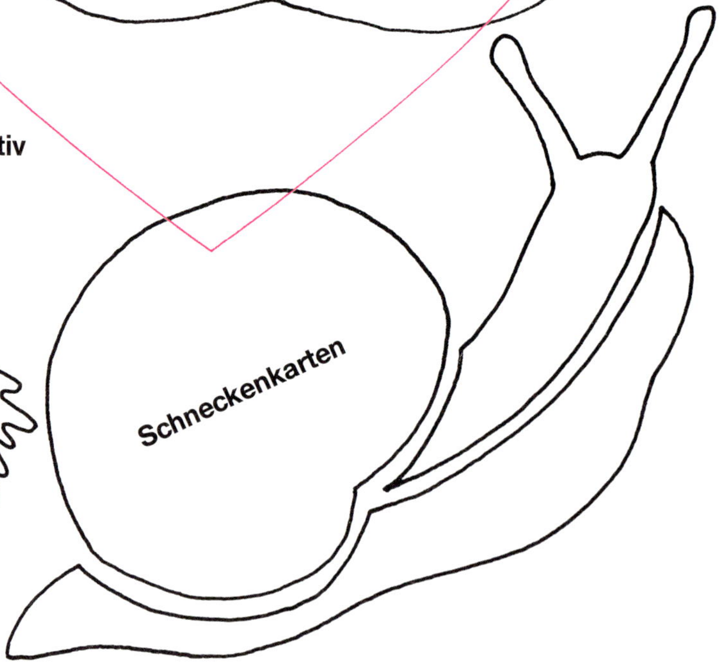

Schneckenkarten

Karten aus Naturpapier

Seite 73

Herbststimmung

Seite 71

Kürbisgesicht

Heutanne …

Seite 82

Tannen-Stecker

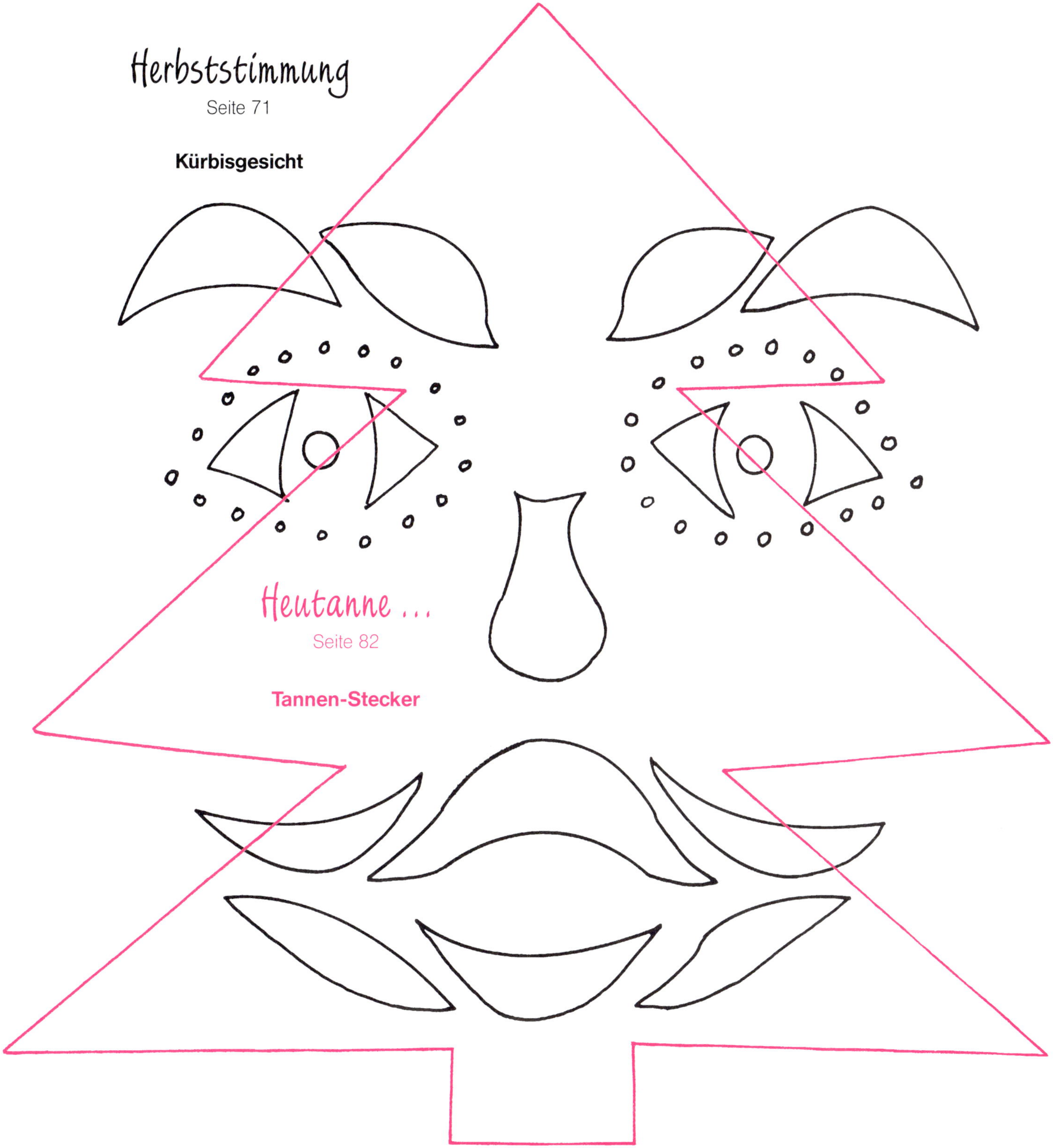

Mond und Sterne

Seite 80

Sterne und Herz

Seite 83

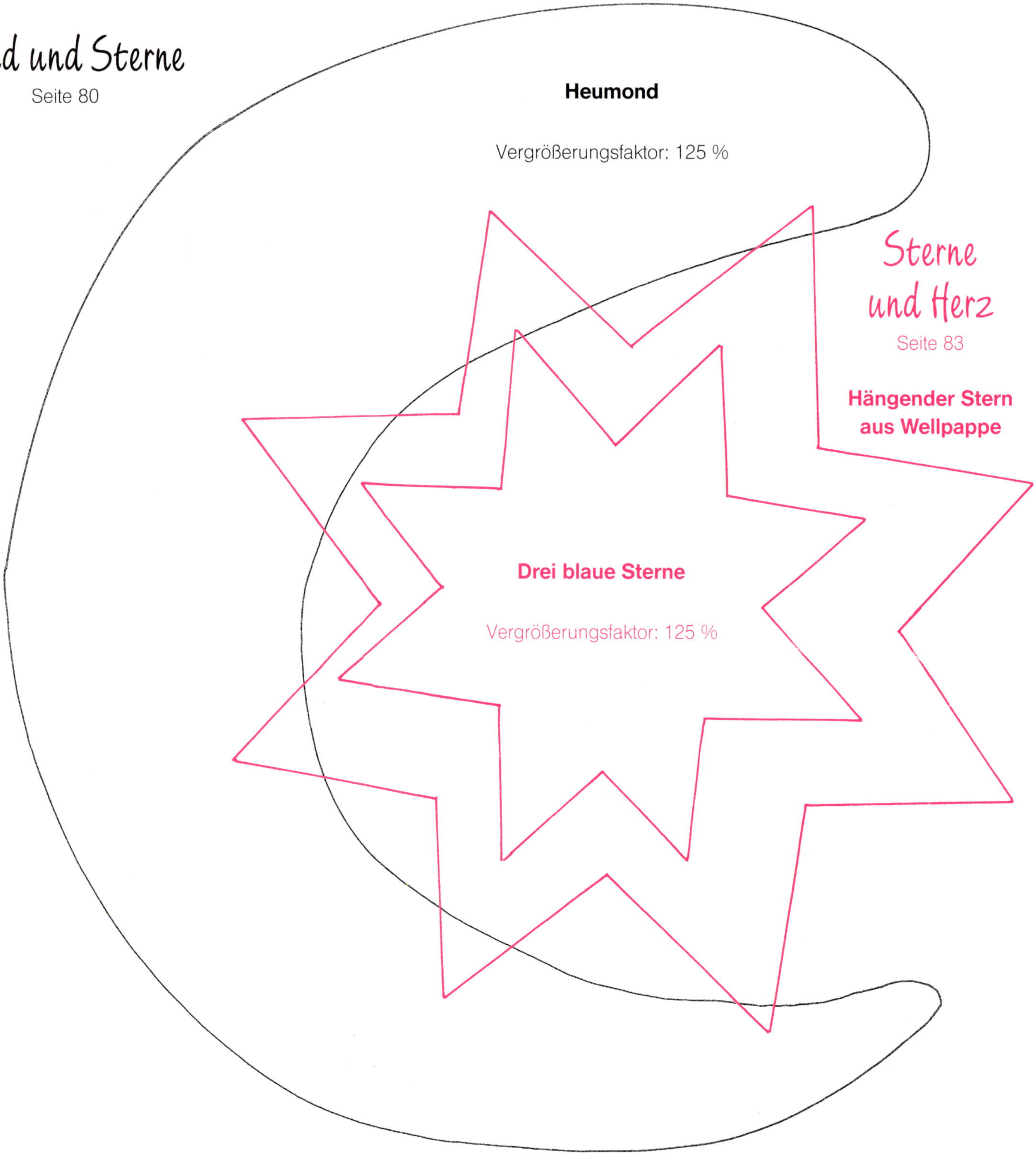

Sterne und Herz

Seite 83

Stern aus Heu

Alles aus Heu

Seite 89

Vergrößerungsfaktor: 200 %

Heudrachen

Seite 58

Vergrößerungsfaktor: 125 %

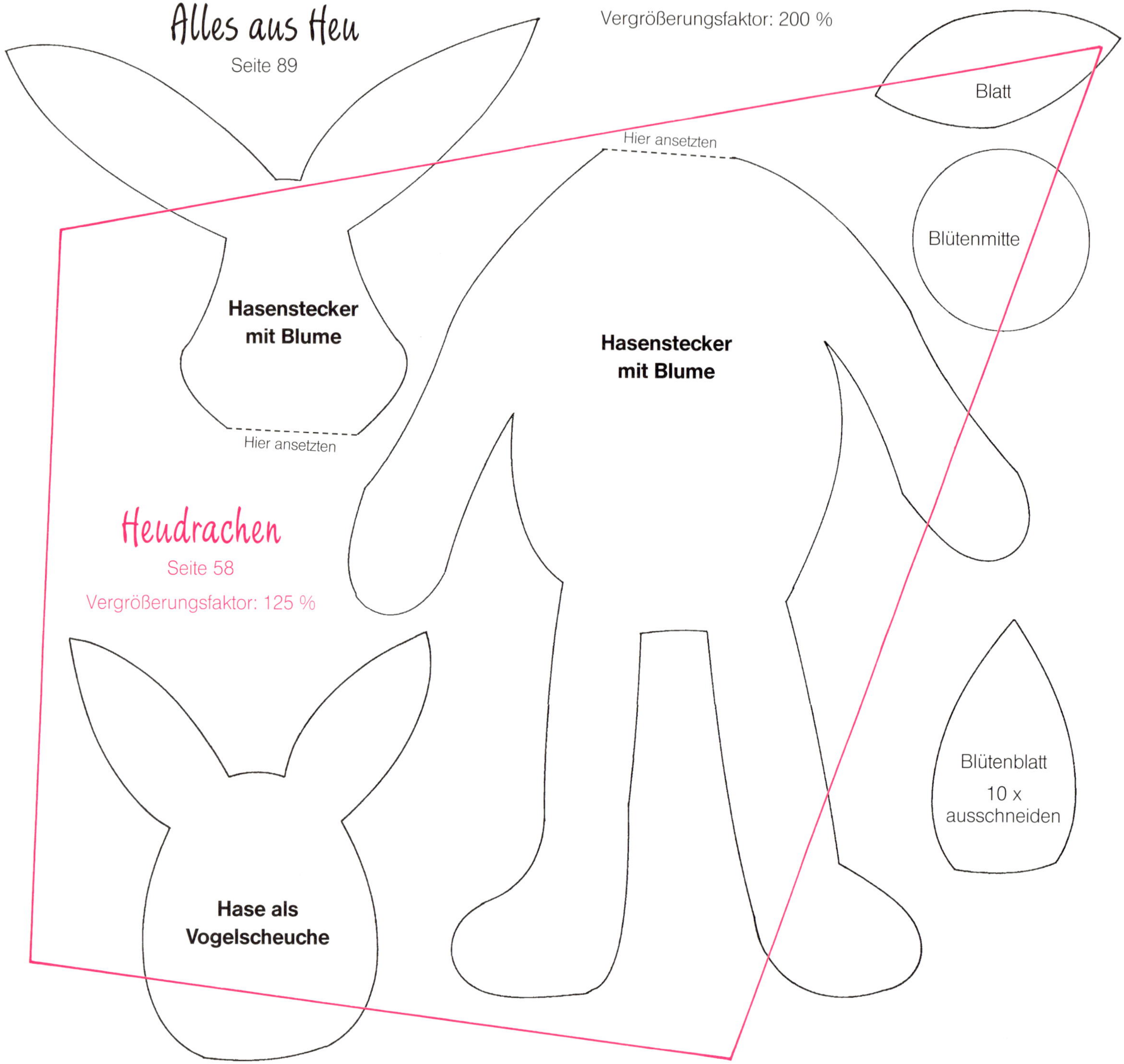